The Philosophy of Kant and His Forerunners

鈴木文孝

Suzuki Fumitaka

カントとその先行者たちの哲学

西洋近代哲学とその形成および関連論考

以文社

はじめに

本書は、ガリレオからカントに至る西洋近代哲学の形成・発展の軌跡を辿り、ガリレオの自然哲学、デカルトの自然学・形而上学、カントの批判哲学の本質的構造とそれらの哲学史的連関を叙述することを企図した自選作品集である。本書の基幹に据えられているのは、旧著『西洋近代哲学とその形成』である。本書には、『西洋近代哲学とその形成』の「付章」を除く、第一章から第五章までの五つの章と、自著の中から選択した、カント哲学に関する関連論考二編を収録した。関連論考として本書に収録したカント哲学研究論考は、自著『改訂版　諦めの哲学』所収の、著者が日本カント協会第十三回学会で行なった「特別報告」の原稿「共同態の倫理学」と、自著『カントの批判哲学と自我論』第1部、第4章「カントの自我論とその歴史的背景」の第1節、第2節である。後者については、カントが認識論において達成したパラダイムシフトに鑑み、本書では、「コペルニクス的転回」という標題で括ることとする。

旧著『西洋近代哲学とその形成』の執筆に取り組んでいた時期、私は同時に、『カントの批判哲学と自我論』〔第2部〕に収録した英文論考の執筆に携わっていた。長期間にわたって、終日、机に向かう日々が続いたけれども、当時の私にとって、『西洋近代哲学とその形成』の執筆とカントの自我論に関する英文論考の執筆とは、相互補完関係にあったはずである。『カントの批判哲学と自我論』〔第2部〕収録の英文論考を完成することができたのも、『西洋近代哲学とその形成』の執筆に全力を傾注したことによってであったと思う。『西洋近代哲学とその形成』では、第1部、第2部とも、後半の二章は、「デカルトの自我論」、「カントの自我論」に充てられている。

哲学・倫理学の教師になった当初から、私は一定の年齢に達したら自分の哲学叙説ないし倫理学叙説をまとめたいと思ってきた。しかし、齢を重ねるにつれて、自分にその力量がないことを自覚するようになった。そして、哲学叙説・倫理学叙説をまとめる代わりに、七十歳代前半に執筆した『諦めの哲学』と『西洋近代哲学とその形成』を中心に、自選作品集を編むことを思いついた。『諦めの哲学』については、同書を基幹に据えた作品集『文化の中の哲学をたずねて』が本年五月に刊行された。同書は、著者の念頭においては、学際的哲学叙説・学際的倫理学叙説としての意味を有するものである。それに対応して、『西洋近代哲学とその形成』を基幹に据えた作品集である本書は、著者の念頭においては、西洋近代哲学史概説を兼ねた、哲学叙説・倫理学叙説としての意味を有するものである。

本書は、文字の配列が縦組みの著書から採録した作品二編と文字の配列が横組みの著書から採録した作品一編を組み合わせて構成されている。本書への収録に際しては、縦組みの著書からの収録作品は縦組みで、横組みの著書からの収録作品は横組みで収録した。

最後になりましたが、本書の刊行に際しましては、以文社の勝股光政社長ならびに編集部の大野真氏、前瀬宗祐氏にご尽力いただきました。記して感謝申し上げます。

二〇一八年九月八日

鈴木文孝

凡例

＊引用に際して、ルビを省略する場合がある。引用文の最後の句読点は、原則として、省略することとする。

＊引用文の末尾の省略箇所は、「云々」で示すこととする。なお、本書においては、「云々」は、全て省略箇所を表している。

＊引用文中の段落の区切り、及び文献の表題中の改行箇所は、／で示すこととする。

＊引用文中の漢字については原則としてテキストの字体を用いることとするが、字体を常用漢字表の字体、または「印刷標準字体」に改めて引用した場合がある。

＊横組みの文献から縦組みで引用する場合、コンマを読点（、）に換え、ピリオドを句点（。）に換えた場合がある。その他にも、必要に応じて、引用箇所での表記法を本書の表記法に統一した場合がある。

＊引用文中に語句、文章を補足する場合には、その箇所を〔 〕に括って補足することとする。ただし、引用文中に欧文の語句、文章を補足する場合には、その箇所を［ ］に括って補足することとする。

＊カントの著作から引用する場合には、*Kants Werke, Akademie Textausgabe*, 9 vols., Berlin: Walter de Gruyter & Co., 1968 を使用することとする。引用に際しては、併せて他の諸版のテキストをも参照した。

＊ガリレオ・ガリレイの著作から引用する場合には、左記の訳書を使用することとし、引用箇所については、引用語句・引用文の後ろに付した（ ）内に、訳書の書名と引用箇所のページを記すこととする。

したがって、本書においては、『星界の報告　他一編』、『偽金鑑識官』、『天文対話』は、全てガリレオの著作の左記の訳書を表す。

岩波文庫版、ガリレオ・ガリレイ著、山田慶児・谷泰訳『星界の報告 他一編』（岩波書店、一九七六年、第一刷、二〇一〇年、第二二刷）。

中公クラシックス版、山田慶児・谷泰訳『偽金鑑識官』（中央公論新社、二〇〇九年）。

岩波文庫版、ガリレオ・ガリレイ著、青木靖三訳『天文対話』、上巻（岩波書店、一五五九年、第一刷、二〇一〇年、第二四刷）、下巻（岩波書店、一九六一年、第一刷、二〇一〇年、第二一刷）。

＊デカルトの著作から引用する場合には、『増補版　デカルト著作集』（全四巻。白水社、二〇〇一年）を使用することとし、引用文中に語句、文章を補足する場合には、アダン - タヌリ版『デカルト全集』（*Œuvres de Descartes*, publiées par Charles Adam & Paul Tannery）を用いて補足することとする。引用箇所を示す際、『増補版　デカルト著作集』の巻数、ページに続けて、アダン - タヌリ版『デカルト全集』（以下、ATと記す）の巻数、ページを併記することとする。地の文においては、例えば「我思惟す。ゆえに我在り」というような、私が用い慣れている訳語・訳文を用いる場合がある。なお、本書においては、『宇宙論　または光についての論稿』、『方法序説』、『哲学原理』は、全てデカルトの著作の左記の邦訳を表す。
野沢協・中野重伸訳『宇宙論　または光についての論稿』（『増補版　デカルト著作集』4所収）
三宅徳嘉・小池健男訳『方法序説』（『増補版　デカルト著作集』1所収）
三輪正・本多英太郎訳『哲学原理』（『増補版　デカルト著作集』3所収）

＊伊東俊太郎・坂本賢三・山田慶児・村上陽一郎編『〔縮刷版〕科学史技術史事典』（弘文堂、一九九四年）

については、書名を『科学史技術史事典』と記すこととする。

＊「凡例」に記されていない引用文献、参考文献の出版社名、発行年は、原則として、初出の箇所で示すこととする。

カントとその先行者たちの哲学　目次

カントとその先行者たちの哲学——西洋近代哲学とその形成および関連論考

第一編　西洋近代哲学とその形成

第一章 「哲学する」ということ

「哲学する（philosophieren）」という言葉は、西洋近代哲学の形成に尽力した哲学者たちの標語であった。西洋近代哲学の形成の過程は、カントの批判哲学において頂点に到達した。「哲学する」という言葉は、カントの『純粋理性批判』においても重要な意味を有する用語として用いられている。「哲学する」という言葉は、真理探究の在り方を表す重要な用語である。ガリレオ、デカルトにおける「哲学する」という営為の軌跡を辿るに先立って、私は本章において、西洋近代哲学の完成者カントの著述に即して、「哲学する」という概念について論述しておきたい。ガリレオ、デカルトを始めとする西洋近代哲学を形成した哲学者たちの卓越した哲学的営為を念頭に置いて、カントは「哲学する」ことの意義を強調している。

『純粋理性批判』の「超越論的方法論」の「純粋理性の建築術」の章において、カントは、「哲学する」という言葉を織り込んで、次のように述べている。「……それゆえ人は、（ア・プリオリな）全ての、理性の諸学問のうちで、数学のみを学ぶことができるのであって、（哲学史でない限り）哲学を学ぶことはできない。理性に関して言えば、人が学ぶことができるのは、哲学ではなくて、どのように考えても、哲学することだけである。／さて、哲学とは、全ての哲学的認識の体系のことである。人は、哲学について客観的な把握をしなければならないのであるから、哲学を、哲学する全ての試みの判定の原型（das Urbild）、すなわちそれの体系がしばしば非常に多様で、非常に可変的であることを免れ得ない夫々の主観的哲学を判定するために有効な、哲学する全ての試みの判定の原型と理解しなければならない。このようにして、哲学とは、一つの可能的学問の単なる理念〔＝純粋理念〕なのである。その理念は、もちろんどこにも具体的には与えられていないが、人は、いろいろな方途でその理念に近づこうとする。すなわち、唯一の、感性によって覆い隠されている歩道が発見され、今まで的外れであった模写（das bisher verfehlte Nachbild）を、そのことが人間に恵まれている限り、原型に等しくすることに成功するまでの間は、人は〔哲学という〕その理念に近づこうとするのである。その理念に到達するまでは、人は哲学を学ぶことはできない。いったい、それ〔＝哲学〕はどこにあるのか、誰がそれを所有しているのか、何を手がかりにしてそれは認識されるのか？　人はただ哲学することを学ぶことができるのみである。すなわち、人は理性の能力を、理性の普遍的な諸原理を遵守することによって、実際の試行において訓練する（das Talent der Vernunft in der Befolgung ihrer allgemeinen Prinzipien an gewissen vorhandenen Versuchen üben）ことができるけれども、理性の諸原理そのものをそれらの起源において調査し、それらを承認するか、あるいは否認するかという、理性の権限は留保されたままである。／上記の、哲学の理念に到達するまでは、哲学の概念（der Begriff von Philosophie）は単に学校概念、すなわち、単に学問として探し求められるだけであって、この知識の体系的統一以上のもの、したがって認識の論理的完全性以上のものを目的にしない、認識の体系の概念である。しかし、〔哲学の概念には〕更に世界概念（conceptus cosmicus）がある。この世界概念は、常に哲学という名称の基礎を成してきた。とりわけ、人が、この世界概念をいわば人格化し、哲学者という理想において（in dem Ideal des Philosophen）原型として表象した場合に、〔そのことは顕著であった。〕この意図においては〔＝世界概念としての哲学を志向する限りにおいては〕、哲学は、凡ての認識の、人間の理性の本質的な諸目的（teleologia rationis humanae）への関係についての学問であって、哲学者は、理性の芸術家ではなくて、人間の理性の立法者である。このような意味において、もし誰かが自分自身を哲学者と称し、自分は理念のうちにのみ存する原型と同等になったと自惚れるとしたら、それは、自惚れも甚だしい」（A 837 ff./B 865 ff.）。

　右の引用文に即して、カントが「哲学する」ということをどのように考えていたかについて、考察してみたい。右に引用した三つの段落には、原文の構造上、日本語に逐語訳することが不可能な箇所がある。引用文中の最初の段落についても、日本語に逐語訳することは不可能であるので、一つのドイツ語の文章を二つの日本語の文章に分節化して訳出したが、「哲学を学ぶ（Philosophie lernen）」、「哲学することを学ぶ（philosophieren lernen）」という語句の対比を明確にするためには、当該箇所の原文の記述様式を、「人は、（哲学史でない限り）哲学を学ぶことはできないが、哲学することを学ぶことができる」という文型に整えて理解することが必要である。

　カントは、「人は、哲学することを学ぶことができる」ということを記述する際、必ず「人はただ哲学することを学ぶことができるのみである（Man kann nur philosophieren lernen）」というように文章表現をしている。だからといって、カントが「哲学することを学ぶ」ことの意義を重要視していないということは、考えられない。右に引用した三つの段落において、カントは、「人は、哲学することを学ぶことができる」ということよりも、「人は、（哲学史でない限り）哲学を学ぶことはできない」ということの方を、強調しているのである。「人は、（哲学史でない限り）哲学を学ぶことはできない」ということの方が強調されているのは、カントが「一つの可能的学問の単なる理念〔＝純粋理念〕」として、《「世界概念」における哲学》の理念を提示することを意図していることによる。

「学校概念（Schulbegriff）」、「世界概念（Weltbegriff）」という言葉は、カントが形而上学の講義において、哲学の在り方について言及する際にも使用している、カントの哲学の概念を把握する上で極めて重要な用語である。ペンギン・クラシックス版の優れた英訳書、マルカス・ワイゲルト訳の『純粋理性批判』（Immanuel Kant, *Critique of Pure Reason*, translated, edited, and with an Introduction by Marcus Weigelt, based on the translation by Max Müller, Penguin Books Ltd, London, 2007）では、“ein Schulbegriff”には「スコラ学的概念（a scholastic concept）」という訳語が当てられており、“ein Weltbegriff”にはそのまま「世界概念（a world concept）」という訳語が当てられている（同訳書、六五七ページ)。カントの念頭にある、「学校概念」としての「哲学の概念」とは、「スコラ学的概念」としての「哲学の概念」のことである。《アリストテレス主義》を超克することは、西洋初期近代の自然哲学者たちにとって最も重要な課題であった。《アリストテレス主義》の超克というガリレオやデカルトが取り組んだ課題——彼ら自然哲学者たちにとって直接的課題であったのはアリストテレス主義の自然学の超克であったが——を、既に近代自然科学が確立し、著しい発展を遂げている十八世紀の哲学者カントは、《哲学》についての「スコラ学的概念」の超克という課題として受け止めているのである。

ここで留意しなくてはならないのは、例えばアリストテレスの自然学が、近代物理学の成立によって超克されたことは確かであるが、ガリレオの思想も、デカルトの哲学も、カントの哲学も、《アリストテレス主義》の影響、とりわけ近世スコラ学の影響を受けているということである。『純粋理性批判』にもスコラ学の影響が認められる。例えば、カントの超越論的哲学(die Transzendentalphilosophie)、したがって超越論的観念論(der transzendentale Idealism)が根本的にはそれに依拠している「超越論的(transzendental)」という術語・概念そのものも、カントがスコラ学の「超越範疇(transcendentia/transcendentalia)」の概念から継受したものである。(それについては、『純粋理性批判』の「超越論的原理論」の§12. (B 113-116)をも参照されたい。)ただし、我々が今考察している論述においては、カントは、《哲学》についての「スコラ学的概念」に、《哲学》についての「世界概念」を対置している。カントが《「スコラ学的概念」における哲学》に対して批判的な見方をするのは、そこでのカントの記述に即して言えば、それが「知識の体系的統一」、したがって「認識の論理的完全性」ということに拘束されて、《哲学》を「認識の体系」に限定しているからである。そこでのカントの記述に即して考える限り、カントは《哲学》についての「スコラ学的概念」の限界性（Begrenztheit）を認識して、「哲学の概念」を《哲学》についての「スコラ学的概念」から解放し、「哲学の概念」に「世界概念」としての開放性を付与することを企図しているのである。「世界概念（ein Weltbegriff）」という言葉を記すとき、カントは、この言葉の後ろに“conceptus cosmicus”というラテン語を書き添えていた。本章の初めに引用した三つの段落に続くカントの論述をも併せ考えて言えば、カントはそこで、《「世界概念」における哲学》によって、《人間》を《目的論的世界秩序》の内に定位することを、意図しているのである。

近代物理学は、ガリレオの力学（mechanics）として成立し、ニュートン物理学としてその完成に至った。それによって機械論的自然観（mechanistic view of nature）が確立した。『純粋理性批判』においても、我々は、近代物理学の確立とその著しい発展を謳歌するカントの姿を垣間見ることができる。しかし、近代物理学の機械論的自然観は、ニュートン物理学の場合にもそうであったように、必ずしも目的論的世界観を排除するものではなくて、目的論的世界観と並立し得るものであった。カントの超越論的哲学においても、《目的論的世界秩序》という世界観は、保持されている。「純粋理性の建築術」の章においてカントが彼の目的論的な考えに依拠して論を展開しているのも、そのことによる。

カントは、《「世界概念」における哲学》の理念を、「原型」として提示している。『純粋理性批判』の「超越論的弁証論」の「純粋理性の理想」の章の第二節「超越論的理想について（Von dem Transzendentalen Ideal (Prototypon transscendentale)）」における記述に即して言えば、「原型（das Urbild (Prototypon)）」は、「模写（Kopeien (ectypa)）」（原型の模写）の対義語であるが、イデア一般を表す術語ではなくて、「存在者（das Wesen (ens)）」についてのイデアを表す術語である（vgl. A 578 f./B 606 f.）。換言すれば、「原型」・「理想」は、「個別的存在者（ein einzelnes Wesen）」を表す術語である（vgl. A 576/B 604）。ちなみに、「純粋理性の理想」の章の第一節「理想一般について」において、カントは、「私が理想（das Ideal）と呼ぶのは、単に具体的に（in concreto）ではなく、個体的に（in individuo）〔表象された〕理念、すなわち個別的なものとして（als ein einzelnes）、理念によってのみ規定し得る、それとも理念によってのみ規定された物のことである」（A 568/B 596）と記している。カントのいう「理想」とは、個体的・個別的存在者についてのイデアのことなのである。カントが超越神を「純粋理性の理想」と規定する所以である。「理想一般について」の節には、更に以下のような記述が認められる。「我々にとって理想（ein Ideal）であるところのものは、プラトンにとっては神的悟性の理念であり、神的悟性の純粋直観における個別的対象（ein einzelner Gegenstand）であった。云々」（ibid.）。「徳並びに全き純正における人間の知恵は、理念である。しかし、（ストア哲学者の）賢者（der Weise (des Stoikers)）は、理想（ein Ideal）

である。すなわち、〔（ストア哲学者の）賢者は、〕単に思考の内に存在するだけであるが、しかし知恵の理念と完全に一致する人間である。理念が規則を与えるのと同じように、理想はこのような場合、模写の汎通的規定の原型としての役割を果たす（so dient das Ideal in solchem Falle zum Urbilde der durchgängigen Bestimmung des Nachbildes）。そして我々は、我々の内なるこの神的人間の振る舞いの他には、それをもって我々が我々を比較し、評価し、そしてそれによって我々を改善する、我々の行為の判定基準を持っていない。我々はその理想に到達することは決してできないけれども。」（A 569/ B 597）。カントのいう「原型」は、そのような意味での「理想」なのである。「純粋理性の建築術」の章には、次のような記述が認められる。「……更に（「数学者、自然学者（der Naturkündiger）、論理学者」の他に更に——引用者）理想における教師が存在する（Es gibt noch einen Lehrer im Ideal）。彼は、これら全てを〔＝数学者をも自然学者をも論理学者をも〕評定し、これら全てを〔＝数学者をも自然学者をも論理学者をも〕、人間の理性の本質的諸目的を促進するために、道具として役立てる（als Werkzeuge nutzt）。この理想における教師だけを我々は哲学者と呼ばなければならないのである。云々」（A 839/B 867）。ここでは、「理想における教師」という形で、真の「哲学者」が正に「理想」として理念化されている点に留意されたい。カントにおいては、《真の哲学の「原型」》は、究極的には、《真の哲学者の「原型」》として人格化されて、「理想（ein Ideal）」として理念化されるのである。カントは、《真の哲学の「原型」》を、究極的には、正に「理想（ein Ideal）」に他ならない《真の哲学者の「原型」》として提示しているのである。その場合、カントは、プラトンがイデアに認めているような、イデア論的意味での積極的実在性を「原型」・「理想」に認めているわけではないが、だからといって「原型」・「理想」に単に消極的意味での実在性しか認めていないわけではない（vgl. A 569f./B 597f.）。カントは、人間には《真の哲学の「原型」》に到達することも、《真の哲学者の「原型」》に到達することも不可能であることを説いている。《真の哲学の「原型」》・《真の哲学者の「原型」》には、確たる"Realität im Gedanken"が具わっているのである。その意味では、カントはそれらの「原型」に積極的意味での実在性を想定していないわけではない。

カントにおいては、「哲学する」ことを学ぶということは、《「世界概念」における哲学》を学ぶということである。『純粋理性批判』では、「哲学する」という言葉は、右に見たような文脈において用いられているのである。

『純粋理性批判』において提示されている《「世界概念」における哲学》の理念は、西洋近代哲学が本格的に完成したことをカントが明確に認識していることを、明示している。「哲学する」こと、すなわち本来的意味での《哲学の研究》が人間の主体的営為であることを、カントは明確に認識している。私は、本編において、カントの批判哲学に至るまでの西洋近代哲学の形成について考察してみたいと思う。

第二章　ガリレオの自然哲学と西洋近代哲学の形成

第一節　ガリレオの自然哲学

本書の執筆に際して、アレクサンドル・コイレ著、野沢協訳『コスモスの崩壊――閉ざされた世界から無限の宇宙へ』（白水社、一九七四年、新装復刊、一九九九年）を読み返して、初期近代の西洋思想において科学と哲学が一体的なものであったことを、改めて認識した。ガリレオにおいても、彼の科学思想と哲学思想は、彼の自然哲学として一体的なものであった。

ガリレオは、『偽金鑑識官』（一六二三年）の中で、彼の自然哲学における基本的な考え方を、次のように記述している。「哲学は、眼のまえにたえず開かれているこの最も巨大な書〔すなわち、宇宙〕のなかに、書かれているのです。しかし、まずその言語を理解し、そこに書かれている文字を解読することを学ばないかぎり、理解できません。その書は数学の言語で書かれており、その文字は三角形、円その他の幾何学図形であって、これらの手段がなければ、人間の力では、そのことばを理解できないのです。それなしには、暗い迷宮を虚《むな》しくさまようだけなのです」（『偽金鑑識官』、五七ページ。〔 〕内は、訳書による）。

「自然という書物は数学の言語で書かれている」（"The book of nature is written in the language of mathematics."）と言い慣わされてきた、ガリレオの自然哲学の基本命題は、『偽金鑑識官』における右の記述に由来するものである。本節では、この基本命題を念頭に置いて、私がガリレオの『天文対話』を初めて繙いたときの印象を思い起こしながら、西洋近代哲学が成立する上で極めて重要な役割を果たしたガリレオの自然哲学について叙述する。『天文対話』において、ガリレオが自己を「数学的哲学者」として意識している箇所が目に留まったことも、憶えている。「自然という書物は数学の言語で書かれている」からには、「自然という書物」を研究対象とする《自然哲学》は、本質的には《数学的哲学》であるべきはずである。

『天文対話』の正式な表題は、次のとおりである。『ピサ大学特別数学者、トスカナ大公殿下つき哲学者・首席数学者・リンチェイ学士院会員、ガリレオ・ガリレイの対話。そこでは四日間の会合でプトレマイオスとコペルニクスの二大世界体系について論じられ、どちらの側からも同じように哲学的・自然学的根拠が提示される。フィレンツェ、ランディニ書店版権所有。一六三二年。当局許可済』（『天文対話』上巻、四〇九ページ。同書の「訳註」による）である。『天文対話』は、プトレマイオスの世界体系（天動説）とコペルニクスの世界体系（地動説）との「二大世界体系」を巡っての、サルヴィアチ、サグレド、シムプリチオの三人の登場人物の「対話」で構成されている。サルヴィアチ、サグレドは、ガリレオの実在の、亡き親友の名前を採ったものである。ガリレオは、サルヴィアチを彼自身の思想・学説を語る、自分の代弁者として、サグレドを対話の中心人物サルヴィアチの弁論の支持者として、登場させている。「逍遙学派の哲学者」（『天文対話』上巻、一六ページ）シムプリチオとして登場する人物については、「かれはシムプリキオスの註釈に過大な愛情を抱いていましたから、かれの名前を出すことなく、尊敬すべきこの著作家の名前にしておくのが適当と思いました」（『天文対話』上巻、一七ページ）と記されている。シムプリチオは、対話の中で、アリストテレス主義者として弁舌を揮う。以下で私がシムプリチオと記すのは、凡てその対話に登場する、「シムプリキオスの註釈〔＝シムプリキオスによるアリストテレスの著作の註釈書〕に過大な愛情を抱いて」いる、アリストテレス主義者シムプリチオのことである。

「第四日」の対話で、シムプリチオは、次のように述べる。「これは（ぼくの見解を率直にいうとすれば）アリストテレスがそのことでプラトンを非難したあの幾何学的精妙さのように思えます。アリストテレスはプラトンが、幾何学をあまり研究しすぎて健全な哲学から遠ざかっているといって責めています。(1) またぼくは偉大な逍遙学派の哲学者たちがその弟子たちに、数学を研究すると知性があら探しをするようになり、またよく哲学できないようになるからといってその研究をしないようにすすめているのを知っていますし、聞いたことがあります。これはまず幾何学を自分のものとしたものでなければ哲学に入ることを許さなかったプラトンの訓《おしえ》とは正反対のものです」（『天文対話』下巻、一六四‐一六五ページ）。

それに対して、サルヴィアチは、次のように述べる。「この君の逍遥学派の人びとが自分の学生たちを幾何学の研究から引き離そうとした忠告を称讃しますね。なぜなら幾何学以上にかれらの間違いをあばくに適した術はないからです。しかしこれらの人びとと数学的哲学者とはなんと違っていることでしょう。これらの数学的哲学者は一般の逍遥学派の哲学をよく勉強しているものとならば、そのような知識をもたないものとより以上に喜んで論争します。そのような知識をもたないものは学説と学説とを比較できません。しかしこのことは別にして、どうかどのような異常さあるいはどのように無理な精妙さのため、このコペルニクスの構成があまり称讃できないか、いって下さい」（『天文対話』下巻、一六五ページ）。

ここでは、アリストテレスの原典に即してではなく、『天文対話』の記述に即して述べるにとどめるが、アリストテレスや逍遥学派の哲学者たちは、幾何学を学ぶことは「哲学する」ことの妨げになる、と考えていた。ガリレオはシムプリチオに、「アリストテレスがそのことでプラトンを非難したあの幾何学的精妙さ」という言葉を用いさせている。プラトンの哲学における「幾何学的精妙さ」を指摘して、アリストテレスはプラトンの哲学＝哲学教授法を批判した、というのである。ちょうどプラトンがそうであったように、幾何学の研究に励みすぎると、「幾何学的精妙さ」に惑溺して、本来の意味での哲学することができなくなってしまう、というのである。そのようにシムプリチオは、幾何学の論証における《厳密性》＝《正確さ》を「あの幾何学的精妙さ」という言葉で風刺する。シムプリチオに幾何学において論証の《厳密性》＝《正確さ》が重視されることをそのように風刺させることによって、「数学的哲学者」ガリレオは逆説的に、思考法における《幾何学的厳密性》＝《幾何学的正確さ》の重要性を強調することを企図しているのである。アリストテレスや「偉大な逍遥学派の哲学たち」が、「哲学する」ことに精励する弟子たちに幾何学の研究に励むことを制止したということを、事実として述べているのではない。

ガリレオは、超一流の文筆家でもあった。我々は『天文対話』を、「数学的哲学者」ガリレオが世界体系論を題材にして創作した長大な文学的対話編と見なすことができる。『天文対話』の序言「読者諸賢へ」（『天文対話』上巻、一四－一七ページ）の中で、ガリレオは、「わたくしはまた、これらの考えを対話の形式で説明するのが非常に目的にかなっていると考えるに至りました。というのは、対話であれば数学上の法則に入念な注意を払わねばならぬということはなく、またときとすると主要な論証に劣らず興味ある脱線の余地も多いからです」（『天文対話』上巻、一六ページ）と述べている。『天文対話』における自然哲学上の論議そのものを文学的対話と解することは困難であるにしても、その対話編の構成には文学的技巧が見事に組み入れられている。ガリレオのフィレンツェ在住の友人だった故サルヴィアチ、ヴェネツィア在住の友人だった故サグレド、そして架空の「逍遥学派の哲学者」シムプリチオが会合して、四日間にわたって「プトレマイオスとコペルニクスの二大世界体系」、すなわち地球中心説（天動説）と太陽中心説（地動説）を巡って『天文対話』の対話を重ねるのは、ヴェネツィアの「サグレド氏のたいへんりっぱな邸宅」(『天文対話』上巻、一七ページ)においてである。実在の人物としてのサグレドは、ヴェネツィアに居を構えていた富豪でもあった。ガリレオは、『天文対話』の四日間の対話が行われる場所を、運河をゴンドラが行き交うヴェネツィアのサグレド邸に設定することによって、この一大科学対話編に文学的妙趣を加えることに成功した。とりわけ『天文対話』の「第四日」の、海峡・河川における満干について論じるサルヴィアチの弁舌(とりわけ二一二-二一八ページでの弁舌)にガリレオの卓越した地誌学的知見が巧みに織り込まれていることは、我々の関心を惹く。

解析幾何学や微分積分学の発見に先行する時代に生きた自然哲学者ガリレオが物理学・天文学の論著を、現代の我々の古典力学の教科書で用いられているような数式を用いて執筆したのでないことは分かっていたが、『天文対話』を繙くまで、私は、それらが《数学の言語》で書かれているとばかり思い込んでいた。しかし、それらは、《数学の言語》ではなく、《哲学の言語》で書かれていた。「自然という書物は数学の言語で書かれている」という命題は、『天文対話』においても、確かに活かされている。天文観測の数値・数値計算が現れるということだけではなく、ガリレオ自身に他ならないサルヴィアチの弁論における論の運びには、数学の思考・論法が活用されている。『天文対話』に続けてのガリレオの大作『新科学対話』(『新科学論議』)も、『天文対話』と同じように、サルヴィアチ、サグレド、シムプリチオの三人の対話によって構成されている。

ガリレオが『天文対話』を対話体で執筆したことには、特別の意図が込められていたはずであることを、我々は看過してはならない。地動説の正しさを論証するためだけであったなら、『天文対話』においてガリレオは、恐らく《数学の言語》だけを用いて己の地動説を叙述することができたはずであるし、恐らくそのようにしたであろう。

清水純一氏は、岩波文庫版のブルーノ著、清水純一訳『無限、宇宙および諸世界について』（岩波書店、一九八二年、第一刷、二〇〇九年、第六刷。以下、「ブルーノ著、清水純一訳『無限、宇宙および諸世界について』」と記す。ブルーノの原著の刊行は、一五八四年）の「解説」の中で、「……一方、全篇を通じて目につくのは、アリストテレス説にたいする批判検討である。このことは、十六世紀に至るまで、アリストテレスの世界観がいかに絶大な権威をもってヨーロッパを支配していたかを考えるならば（『無限、宇宙および諸世界について』における、フィロテオの弁論の反論者）ブルキオはその通俗的理解者の一例である）、必然的論述形式として受容されるであろう。事実ルネサンスの新しい思想は、多かれ少なかれアリストテレス説との対決という形をとって現われてきた。ブルーノの世界観はいわばアリストテレス世界観の最後の崩壊過程を表わすものといえよう。」（ブルーノ著、清水純一訳『無限、宇宙および諸世界について』、二八二ページ）と述べておられる。ジョルダーノ・ブルーノは、ブルキオを、徹底したアリストテレス主義者として、同書の対話に登場させている。ブルキオは、同書の「第三対話」で、以後、対話に参加することを拒絶されるに至る。そして、同書の「第五対話」では、アルベルティィーノが、徹底したアリストテレス主義者として新登場してアリストテレスの天体論・自然学を擁護する弁舌を揮うが(2)、フィロテオらの弁論に圧倒され、ブルーノ自身に他ならないフィロテオの主張に屈伏してしまう。

アリストテレス哲学、アリストテレス主義の哲学との対決は、ガリレオが地動説を論述する際にも、重要課題であったのである。『天文対話』の正式表題に記されている「ピサ大学特別数学者、トスカナ大公殿下つき哲学者・首席数学者・リンチェイ学士院会員、ガリレオ・ガリレイ」という肩書においても明らかなように、ガリレオは、己を「哲学者」として意識していた。ガリレオは、「数学者」（物理学者）であると同時に、自然哲学の伝統を汲む、その意味での《哲学者》であった。ガリレオが《哲学の言語》で『天文対話』を執筆したのは、ただ自分の地動説を論述するためだけでなく、アリストテレスの哲学、アリストテレス主義の哲学に対する徹底的な批判・論駁を行なって、アリストテレスの天動説、プトレマイオスの天動説を根底から覆すことを意図していたからでもある。ガリレオは、《数学的哲学者》として、己をアリストテレスに比肩する《哲学者》と意識していた。極言すれば、ガリレオは、反アリストテレス主義の《思想家《イデオローグ》》として、『天文対話』を執筆したのである。

ガリレオは、『天文対話』において、プトレマイオスの天動説を批判・論駁することよりも、アリストテレスの哲学、アリストテレス主義の哲学を論駁することに力を注いでいる。同心天球説に立脚するアリストテレスの天動説と、プトレマイオスの天動説とは、幾何学的構図を異にする。プトレマイオスの天動説は、天球宇宙モデルに「導円」・「周転円」、「エカント」・「離心円」を組み合わせた世界体系である。彼の天動説の世界体系は、著しく複雑な構造になっている。そのような点についての批判をも意図して、ガリレオは「第三日」の対話で、サルヴィアチにシムプリチオに向かって、次のように語らせている。「その異例はプトレマイオスでは病気となり、コペルニクスでは薬剤となるのです。第一にあらゆる学派の哲学者は自然的に回転運動をする物体が自己の中心の上を不規則に動き、他の点の上を規則的に動くことを非常に見苦しいこととよばないでしょうか。ところがそのような不斉一な運動がプトレマイオスの建造物のうちにはあり、コペルニクスにおいてはすべてが固有の中心の周りの等しい距離にあるのです。プトレマイオスにおいては諸天体に方向の反対な諸運動を指示し、すべてを東から西へと同時に西から東へ動かさねばなりません。しかしコペルニクスにおいては天体の回転はすべて単一の方向すなわち西から東へなのです。ところで単にあるときは速く進み、あるときは遅く進むだけではなく、ときにはまったく止まったりさらにそののち相当距離を逆行するほどに不斉一な惑星のみかけの運動についてはなんといったらいいでしょうか。この現象を説明するため、プトレマイオスは非常に多くの周転円を導入しました。これは一つ一つ違った運動法則をもっていて、惑星一つ一つに与えられています。これらの周転円すべては大地のもっとも単純な一運動で取り除かれるものです。そしてシムプリチオ君、惑星それぞれに入れ込みになった固有の天球を指示しているプトレマイオスの構成において、太陽の天球の上方にある火星が太陽の天球を破壊してその下にまで降るほど落下し、大地に太陽よりも近づき、それからすぐあとで太陽の上方へ測り知れぬほど高く上るとしばしばいわねばならぬとすれば、君はこれは最大の不合理だとよびませんか。そしてこれや他の異例のことは大地の年周運動という単一のごく単純なことで癒やされるのです」（『天文対話』下巻、九〇ページ）。ここでは、『天文対話』で、惑星系天文学の歴史に関して、次のような語りがなされていることにも、留意しておこう。「第四日」の、サルヴィアチの、サグレドに向かっての語りである。「……最初の天の観測者たちはすべての星に共通な運動、日周運動しか知らなかっただろうと考えられます。たしかに月が他の星とつねにあい携えてはいないということに気づかれるのにはそう日数はかからなかっただろうと思います。しかしすべての惑星が見分けられるまでには長年かかったことだろうと思います。特に土星はその遅さのゆえに、また水星はそのまれにしか見られぬことのゆえに、さまよい遊ぶものと認められたのは最後であったろうと思います。さらに長年かかって、はじめて上位三惑星（＝土星、木星、火星）の留と逆行が、大地への接近と隔離とともに、観測されたと考えられます。これがアリストテレスまでは知られなかった――もっともかれもそれについて記してはいませんが――離心円と周転円とを必然的に導入しなければならぬ機会であったのでしょう。水星と金星とはその驚くべき現象によって、他のことはおき、その位置を定めるだけで何とひどく天文学者たちを惑わしてきたことでしょう。ですから単に世界の諸天体の順序がどうなっているか、またわれわれの知っている宇宙の諸部分の全体の構造がどうなっているかということについてだけでも、コペルニクスの時代まで疑問がもたれてきたのです。コペルニクスがついに宇宙の諸部分を秩序づけている真の構成と真の体系とをわれわれにもたらしてくれたのです。ですからわれわれにとっては水星、金星、その他の惑星が太陽の周りを回転していることは確かです。しかしつぎにそれぞれの惑星がそれぞれ回転するさいにどのように規制されているか、その軌道の構造が正確にはどうなっているかという、一般には惑星の理論とよばれているものはなお疑いの余地がないまでには解決できていないのです。その証拠は火星で、これについては近ごろの天文学者があんなに骨折っているのです。また月そのものについても、コペルニクスがプトレマイオスの理論をまったく変更したのちでも、種々異なった理論がつくられてきました。またさらにわれわれの問題すなわち太陽と月のみかけの運動に降りてくれば、前者についてはある大きな不等さが観察されてきています。云々」（『天文対話』下巻、二四三‐二四四ページ）。

右の段落に引用したサルヴィアチの二つの語りに即して見る限り、ガリレオ自身はプトレマイオスの天動説を、惑星の運行についての人間の知識の増大によってもたらされた、アリストテレスの天動説の、ごく自然な発展形態として把握している。

『科学史技術史事典』の高橋憲一氏執筆「円運動」の項目（同書、一一二三ページ）には、「……ギリシア天文学の精華ともいうべき『アルマゲスト』において、プトレマイオスは一様円運動の原理を尊重しながらも、現象の定量的説明を与えるために、エカント（equant）などを理論に導入し、厳密な意味での一様円運動の原理を廃棄した。この原理違反に対し、後代、アラビアの天文学者たち*やコペルニクスは批判を加え、円運動の中心は一様回転運動の中心でもあるべきだと主張して、原理の遵守にもとづく天文理論の創出に努力を傾注した」と記されている。プトレマイオスの天動説においては、「厳密な意味での一様円運動の原理」は廃棄されているのである。また、『科学史技術史事典』の横山雅彦氏執筆「現象を救う」の項目（同書、三三一ページ）には、「……しかしその後、宇宙の中心たる地球と惑星の距離を一定とみなす同心天球説では説明しえない種々の天文現象が発見されるにおよんで、プトレマイオスはこれらの「現象を救う」ために、離心円、周転円、対心などにもとづく新たな天文理論を提唱した。ここで大きな論点として浮びあがってきたのがプトレマイオスの天文理論はアリストテレスの自然学に矛盾するということであった。プトレマイオスの理論は天界の自然的本性に反するもので、単に数学的な虚構にすぎないのかどうか。あるいは「現象を救う」真の仮説とはいかなるものであるべきか等々。これらの問題は、古代末期から中世スコラを経て近代初期にいたるまで連綿として論争されてきた。云々」と記されている。「プトレマイオスの天文理論はアリストテレスの自然学に矛盾する」ということが指摘されていたのである。（なお、＊を付した、「〔後代の〕アラビアの天文学者たち」については、『科学史技術史事典』の矢野道雄氏執筆「アラビアの天文学」の項目（同書、二六ページ）の、「プトレマイオス体系に対する批判が高まるのは、アリストテレス研究が発展しその宇宙論がプトレマイオスの幾何学的モデルと矛盾することが認識されるようになってからである。」以下の記述を参照されたい。）

さて、ガリレオは、『天文対話』の「第一日」で、サルヴィアチに以下のように語らせている。「それではぼくらのはじめの命題に戻りましょう。ぼくらがそれたところにもう一度帰ると、ぼくの記憶が正しければ、ぼくらは直線に沿う運動がどうして秩序正しい世界のどの部分でも用いられ得ないかを決定したところでした。これにつづいてぼくらは、同じことは円運動についてはで生じないといいましょう。というのは運動体それ自身のなす円運動は、この運動体をつねに同じ場所にとどめますし、また運動体を一定の固定した点を中心とする円周に沿って動かせる円運動は、それ自身をも周囲のものをも無秩序にすることはないからです。というのはこのような運動はまず第一に有限であり限界をもっているのですが、しかも単に有限で限界をもつだけではなく、円周上のどの点をとってみても円運動の最初の端であるとともに最終端でないような点はないからです。そして運動体が運動するよう指示されたその円周上で運動をつづけるさい、その円周の内側のものも外側のものも他の残っているもののすべてを決して妨げたり無秩序にすることはなく、他のものをなすがままにまかせるのです。この円運動は運動体をつねに端から出発させるとともに端に到達させる運動ですから、第一に、これのみが斉一的でありうるのです。というのは、運動の加速は運動体がそこへの傾向〔愛好〕をもっている端に向って進む場合に生じ、減速はこの同じ端から出発してこれから遠く離れることに対して運動体の示す抵抗〔嫌気〕から生じるのですから。そして円運動にあっては、運動体はつねに自然的な端から出発し、つねにその自然的な端に向って動くのですから、この運動体のなかでは抵抗と傾向とがつねに等しい力をもつのです。この力の等しさから減速でも加速でもないもの、すなわち運動の斉一性が生まれます。この斉一性と限界づけられていることとから、たえず回転を繰り返して永遠に継続しうることとなります。

この継続性は限定されていない線に沿いたえず減速あるいは加速する運動には自然的には見いだせないものです。自然的にというのは、直線運動はこれが減速するものであれば暴力的運動ですから永遠的ではあり得ませんし、加速するものであれば必然的に限界に達するからです、もし限界があれば。またもし限界がなければ運動させられることはあり得ません、なぜなら自然は到達し得ないところへ向って運動することはできないからです。ですからぼくはつぎのように結論します。すなわちただ円運動だけが自然的に宇宙の全体を構成しており、最上の状態におかれている自然的物体に適合しうるものであり、他方、直線運動はせいぜい、宇宙の物体とその諸部分とが悪い状態におかれ、それぞれの場所以外のところにあり、したがって最も短い途を通って自然的状態に戻らねばならぬときに、それらのものに自然によって指示されるにすぎないということです。ここから、世界の諸部分の間の秩序を完全に維持するためには運動体はただ円に動きうるだけであり、もし円に運動しないものがあれば、このものは必然的に不動である、というのは秩序を維持しうるものは静止状態と円運動とを除いてはないから、と十分合理的に結論できるように思います。ですからぼくはアリストテレスが、地球は世界の中心におかれており、そこで動かないでとどまっていると考えながら、しかも自然的物体のあるものは自然によって動きあるものは動かないとどうしていわなかったのか少なからず驚きます。特にかれはすでに、自然は運動と静止との原理であると定義したあとですから」（『天文対話』上巻、五三－五五ページ。〔　〕内は、訳書による）。既にここでは、慣性運動を「円運動」とする、ガリレオに特有な考えを暗黙裏に前提にして論が展開されている。注目すべきは、ここで「円運動」（一様円運動）こそが天界における運動体*の自然運動であることを語っているのは、アリストテレス主義者シムプリチオではなくて、ガリレオ自身に他ならないサルヴィアチであるということである。最後にアリストテレスへの批判的言辞が記されているものの、ガリレオは一様円運動が天体の自然運動であることを、自分の考えとして、サルヴィアチに語らせているのである。（*を付した箇所における運動体としては、惑星を考えていただきたい。そして、右の引用文に先行する、サルヴィアチの「円運動」についての語り（『天文対話』上巻、三三 - 三四ページ、三五 - 三八ページ）を参照していただきたい。）

アリストテレスの天動説が彼の自然学の一環――「同心天球説に適合する自然学的宇宙論」（『科学史技術史事典』の横山雅彦氏執筆「現象を救う」の項目（同書、三三一ページ）による）――であるのに対して、プトレマイオスの天動説は、確たる数学的天文学の学説である。しかし、例えば『天文対話』の「第三日」で天動説を論題として提示する際、サルヴィアチは天動説を、アリストテレスの天動説として提示している。[3] 哲学者ガリレオに言わせれば、プトレマイオスは、アリストテレスの天動説を発展させた学者であり、アリストテレスは、天動説という天文学説の創案者である。同日の対話の終わりの部分は、結びの箇所での、サグレド、サルヴィアチの付随的な語り以外は、「ウィリアム・ギルバートの磁石哲学」[4]（『天文対話』下巻、一六八ページ）についての対話に充てられているが（『天文対話』下巻、一六六 - 一八九ページ）、そこで、サルヴィアチは、次のように語っている。「ぼくは時の経つのにつれて、〔ギルバートが創始した〕この新しい科学が他の新しい観察と、さらにまた真実で必然的な証明でもって完全にされることを疑いません。だからといって、最初の観察者の栄誉が減少されるべきではありません。ぼくは竪琴《たてごと》の最初の発明者は（たとえその器具はきわめて粗雑に作られ、ずっと粗い音を出したと考えるべきであるとしても）それからの数世紀の間にそのような仕事を非常に正確なものとした他の百人の技術者よりつまらぬものとは思わず、むしろ大いに驚嘆します。また古代人たちがすぐれた技術の最初の発明者を神々のうちに数えたのも大いに無理からぬことと思います」（『天文対話』下巻、一七八ページ）。我々はここに、ガリレオがアリストテレスの天動説をプトレマイオスの天動説よりも前面に出す理由を、観取することができる。

プトレマイオスの天動説の哲学史的意味は、「導円」・「周転円」、「エカント」・「離心円」という諸概念を世界体系に導入することによって天球の存在を数学的に論証・維持することを目指して、数学的天文学を、天動説のパラダイムにおいて可能な限り、極度に進展させたことにある。プトレマイオスによって、アリストテレスの、彼自身の形而上学に束縛された自然学の一環としての天動説から、数学的天文学的な天動説へのパラダイム・シフトが遂行された。プトレマイオスは、天動説の展開において「科学革命」（トーマス・クーン『科学革命の構造』）を遂行して、宇宙体系理論に数学的天文学の新しい地平を拓いた。確かにガリレオは、コペルニクスの地動説を説明する際、それをプトレマイオスの天動説と対照させて説明している。ただし、ガリレオは『天文対話』において、プトレマイオスの天動説がアリストテレスの同心天球説と幾何学的構図を異にするものであることを強調していない。それは、ガリレオが天動説を、プトレマイオスの天動説の起源であるアリストテレスの天動説に遡って、更にはアリストテレスの自然哲学にまで遡って、それの起源において論駁することを企図しているからである。プトレマイオスの天動説を、アリストテレスの自然学というそれの起源に遡って論駁することを企図しているガリレオが、アリストテレスの天動説を、天動説の論駁の標的にするのは、必至のことであった。

アリストテレスの運動論によれば、円運動は、月上界における「自然運動」であった。アリストテレスの運動論においては、上昇直線運動と落下直線運動とが、地上における「自然運動」であった。『天文対話』においては、円運動は、恒星、惑星の「自然運動」としてだけでなく、地上の物体の「自然運動」としても語られている。そこには、ガリレオが彼に固有の《円慣性の法則[5]》を定式化したゆえんが顕現している。

コペルニクスがそうであったように、ガリレオも、天球の存在を認めている。デカルトは、我々が彼の著作『宇宙論』における惑星の公転運動のメカニズム論に即して見る限り、天球の存在を認めていない。『天文対話』執筆の時点において、ガリレオは、ケプラーの『新天文学』（一六〇九年）、『宇宙の調和』（一六一八年）の内容を把握していたはずである。ただし、ケプラーによれば、惑星は楕円軌道を描いて太陽の周りを公転している。円運動の考えに固執するガリレオは、ケプラーの惑星軌道理論を受容できなかった。ガリレオが円運動の考えに固執したのは、アリストテレスの「自然運動」の考えの、暗黙裏の束縛によると同時に、アリストテレスの同心天球説の、暗黙裏の束縛によってであった。円運動をもって月上界の「自然運動」とするアリストテレスの運動論に最も適合的な宇宙体系論は、同心天球説である。天球の存在を否定しようとはしないガリレオは、根本のところで、アリストテレスの自然学によって束縛されているのである。確かに、ガリレオは、《地球の公転》を説明する場合に《地球の天球》という概念を用いてはいない。ガリレオが、《地球の天球》が存在するか否かという問題を提起していないのは、《天球の回転》という数学的天文学の伝統的パラダイムを継受するコペルニクスの地動説の確実性を信じて疑わない彼にとって、《地球の天球》が存在することは自明のことだったからである。ガリレオは、《地球の天球》が存在するか否かという問題を意図的に避けているわけではない。ガリレオ自身が、アリストテレスの自然学・同心天球説のパラダイムに束縛されてしまっているのである。『天文対話』において、ガリレオがプトレマイオスの天動説に固有の数学的天文学の意味を必ずしも論題にしようとしていないのは、アリストテレスによって提唱され、プトレマイオス天文学に継受された、天球が確たる実在性を有するという考えを、ガリレオ自身が脱却していないからでもあった。コペルニクスの地動説も、ガリレオの地動説も、天球の存在という、天動説に不可欠の前提に束縛されている。天球の存在を否定しない限り、本格的な天体力学への地平は拓かれない。その点において、ガリレオが、科学史でいう「コペルニクス革命」の完成者となることは、初めから不可能であった。それは、更に時代をおいて、天文学・物理学・数学の進展とアイザック・ニュートンの登場を待たなければ不可能であった。

第二節　ガリレオの合理的思考を巡って

『天文対話』執筆の構想は、一朝一夕に生まれたものではない。青木靖三『ガリレオ・ガリレイ』の9「フィレンツェへ」には、第四代トスカナ大公コジモ二世の首相ヴィンタ宛てのガリレオの書簡（一六一〇年五月七日付）が訳出されている。同書簡には、『宇宙の体系あるいは構成について』及び『位置運動について』という大著の執筆の構想が述べられている（青木靖三『ガリレオ・ガリレイ』（岩波書店、一九六五年、第一刷、二〇〇九年、第二三刷）、五九‐六〇ページ）。ガリレオはその志を貫徹して、『天文対話』及び『新科学論議』という二編のライフワークを完成させたのである。

なお、同上書簡において明らかなように、ガリレオはヴィンタにコジモ二世への取り計らいを依頼して、『天文対話』の正式表題中に記されている、「トスカナ大公殿下つき哲学者・首席数学者」という肩書を獲得したのである。ガリレオは、その書簡の終末部において、「数学者」という肩書とは別に「哲学者」という肩書にも固執し、自分は「純粋数学」においてだけでなく、「哲学」においても優れた成果を挙げていることを、書き綴っている（青木靖三『ガリレオ・ガリレイ』、六一ページ）。

そこで用いられている「哲学者」、「哲学」という言葉は、「物理学者」、「物理学」を表す言葉であって、直接的には、現代の我々が用いている意味での「哲学者」、「哲学」を表す言葉ではない。ただし、西洋近代哲学の形成期においては、「哲学」と「物理学」とは未分化の状態にあった。「自然哲学者」ガリレオは、現代の我々がいう意味での哲学者でもあった。ガリレオは、自らの「自然哲学」の研究を通して、純粋数学と哲学との緊密な連関を洞察して、《数学的哲学》の地平を拓いた。それによって、自然認識と哲学との一体化が本格的に推進された。ガリレオが自然科学史上で果たした役割は、本質的には、望遠鏡による天体観測を創始して、天体論・天文学に革新的地平を拓いたことと、動力学研究を推進することによって近代物理学を成立させたことに存する。その意味においては、ガリレオは、哲学者であるよりも、狭義の天文学者・物理学者であった。しかし、ガリレオが自然科学者として偉業を達成することができたのは、本質的には、ガリレオが学問研究を通して、したがって、哲学することを通して、合理的・科学的思考法を身に付けていたことによる。

岩波文庫版『天文対話』(全二巻)の訳者、青木靖三氏の、同訳書の「解説」(『天文対話』下巻、所収)及び著書『ガリレオ・ガリレイ』を読んで私は明確に認識するに至ったのであるが、ガリレオは潮の満干を、地動説を裏付ける決定的な証拠と考えていた。そして、ガリレオは、潮の満干によって地動説を裏付けることに成功したと思い込んでいた。ちなみに、『天文対話』の「第四日」の初めの部分で、ガリレオはサルヴィアチに、次のように語らせている。「……すなわち

〔自然がわれわれの自然把握に〕何を許容したかというと、いろいろな理由から、ずっと以前から大地に諸運動が帰属されてきましたが、この諸運動はまだ海の満干だけは説明していませんでした。ところがこんどはこの諸運動がまたこの満干の原因としてきわめて適切に役立つのが知られ、そしてまた逆にこの同じ満干が地球の運動性を確証するようになるということです。これまでのところでは地球の運動性を示す指標は天体現象からとってこられていました。というのは、大地で生じることは何一つとしてそのどちらかに決着をつけうるほどに強力なものではなかったからです。このことは〔三日間の対話で〕すでに長いあいだ検討してきたように、すべての地上の出来事――これらからは大地の固定性と太陽および恒星天の運動性〔すなわち、天動説〕が等しく引き出せる――は大地の運動性と太陽および恒星天の不動性〔すなわち、地動説〕を前提してもわれわれには同じ姿で見えるはずだということが示されたことからもわかります。* ただ水の元素だけは非常に大量であり、また他の固体の部分のように地球に密着も結合もしていず、むしろその流動性のゆえに部分的に独立《スイ・ユリス》し自在であるため、月下領域の事物のなかでも大地が運動あるいは静止するときに生み出すなんらかの痕跡あるいは指標が認められるものなのです。ぼくは何度も何度も水の運動を観察し、他の人びとも一部は知り、また一部は理解している結果と出来事とを検討し、さらにはそのような出来事の原因として多くの人びとがまったく無駄に述べていることを読んだり聞いたりしたあとで、やっとのことでつぎの二つの結論（もちろん必要条件をおいてですが）を認めるようになるのを感じました。一つは地球が不動である場合は自然的には満干は生じえないということ。一つは同じ地球にすでに指摘された諸運動が与えられる場合は海はすべての点でいまそこで観察されるものに一致した満干をひき起こさねばならぬということ、これです」（『天文対話』下巻、一九一‐一九二ページ）。サルヴィアチのこの語りについて、ガリレオはサグレドに、次のように述べさせている。「この命題はそれ自体としてもまたそこから引き出される結果においてもきわめて重要なものです。ですからそれだけいっそう注意してその説明と確証とを聞こうと思います」（『天文対話』下巻、一九二ページ）。（サルヴィアチの語りの、私が＊を付した箇所での、「大地の固定性と太陽および恒星天の運動性」、「大地の運動性と太陽および恒星天の不動性」という表記の仕方に留意されたい。そこでは、諸惑星及び衛星（月を含む）の運動性は、既に、懐疑の余地のないもの、したがって言及するに及ばないものとされているのである。）

潮汐論（theory of tides）は、当時の科学者たちが取り組んでいた中心的研究課題の一つであった。当時の潮汐論の書物として、例えばマルカントニオ・デ・ドミニス『海の満干についての見解』（一六二四年）を挙げることができる。[6]『天文対話』でガリレオは、同書について、シムプリチオの語りに託して、「……最後にある高位聖職者〔＝デ・ドミニス〕は一冊の小著を公刊し、そのなかでかれは、月は天を進みながら自分の方に多量の水を引きつけ引き上げ、水はたえず月のあとを追う、このため海の月の下にある部分がたえず高くなるといっています。そして月が水平線より下にあるときでも水の高まりがやはり戻ってくるので、かれはそのような結果を説明するため、月は単に自身にそのような能力を自然的に保有しているだけではなく、この場合には獣帯上で月の反対側にある宮にもその能力を与えることができるのだとしかいえないといっています」（『天文対話』下巻、一九六ページ）と記述している。後に引用する、ガリレオが、ケプラーが「月の水に対する支配力」（『天文対話』下巻、二五二ページ）を想定する学説を受け入れていることを批判する記述において、デ・ドミニスの潮汐論がガリレオの念頭に置かれていたかどうかについては判断を控えるが、その潮汐論は万有引力を論拠にする潮汐論に近似したものであり、我々はそれに天体力学的潮汐論への方向性を認めることができる。ガリレオにとってそのようなことは、思いも寄らないことであった。ガリレオは、『天文対話』においては、自分の潮汐論を、サルヴィアチに語らせている。そして、ガリレオは、地動説と潮汐論との一体性を確証することができたと思い込み、そのことを喧伝しているのである。（ガリレオには、既に一六一〇年当時、潮汐論の小著作があった。[8] 一六一五年には、彼はオルシニ枢機卿に、書簡体論文『海の満干についての議論』を献じている。[9]）

『天文対話』の「第四日」で、海の満干によって地動説を論証しようとする過程において、ガリレオはサルヴィアチに、次のように語らせている。「……しかしそのような自然の驚くべき事柄について哲学したすべての偉大な人間のなかでも、特にケプラーについては他の人に対してより以上に驚きます。というのは、かれは偏見のない鋭い才能の持ち主で大地に運動を帰属させることを〔したがって、地動説を〕支持していますが、ところが月の水〔＝海水〕に対する支配力や、また隠れた性質や同じような子供らしいことに耳を傾け、同意しているからです」(『天文対話』下巻、二五二ページ)。この引用文は、万有引力の考えがガリレオにおいては萌していなかったことを、明確に示唆している。「月の水に対する支配力」を認めること、したがって、月が海水に及ぼす力によって海の満干が生じるという考えを受け入れることは、ガリレオにとっては不可能であった。既にティコ・ブラーエにおいては、惑星天球の存在は否定されている。[10] ケプラーは、師ティコから受け継いだ、当時の天文学において最高度の精確さを備えた豊富な観測データの数学的解析によって、太陽系の惑星が楕円軌道を描いて太陽の周りを公転している事実を解明し、その公転軌道の法則を定式化した。ケプラーの場合には、恒星天球の考えは保持され、恒星天球の存在は否定されていないが、惑星天球の考えは本質的に変転しているはずである。ケプラーは、『宇宙の神秘』(一五九六年)において、いわゆる「プラトンの正多面体」(正四面体、正六面体、正八面体、正十二面体、正二十面体)を組み入れた独特の惑星軌道モデルによって、惑星の公転軌道を幾何学的かつ和声学的*に論証することを企図する、基本的にはピュタゴラス学派及びプラトンの数理思想・哲学思想を汲んだ宇宙論を構築した。ともかくも、ケプラーによって、惑星の運行に公転軌道の概念が導入されて、**惑星の動力学的な公転が自明な事実になった。自然哲学が、天体相互間に引力が働いていることを発見する地平は、既に整えられたのである。しかし、ガリレオはサルヴィアチに、ケプラーが「月の水に対する支配力や、また隠れた性質や同じような子供らしいことに耳を傾け、同意している」ことを慨嘆させている。(ここで「隠れた性質」という言葉で観念されているのは、あるいは萌芽的形態において観念されている、天体相互間に働いている引力のことであるかもしれないが、ここで「隠れた性質」という言葉で表されているのは、「隠れた性質」一般のことであるように思われる。）萌芽的形態における万有引力の考えによって、天体相互間に引力が働いているという考え方を有していた自然哲学者は、ケプラー以前にも、ケプラーの同時代にも、何人かいたはずである。ケプラーは、とりわけギルバートの『磁石について』（全六巻。一六〇〇年）に触発されて、萌芽的形態における万有引力の考えに想到した。ケプラーは、太陽系の惑星の運動を司っている法則（ケプラーの法則）の根拠をギルバートの「磁気哲学」（磁気学）に求めることを、着想するに至っている。ただし、科学史的に見れば、磁力は、「隠れた性質」の典型例である。しかし、「磁石の実体」を実見していると主張するガリレオにとっては、磁力は決して「隠れた性質」ではなかった。[11] ケプラーの「月の水に対する支配力」の考えを批判しつつも、ガリレオは、ギルバートの「磁気哲学」の革新的意味を認めている。私が『天文対話』の「第三日」を繙いた限りでは、ガリレオは、地球の自転をギルバートの「磁気哲学」によって説明しようとする着想に限りなく近づいているように思われる。例えば、ガリレオはサルヴィアチに、次のように語らせている。「……同じように大地は大軌道の周囲に中吊りにされ自在であってしかもつぎのような状態にあるのです。すなわち大地の記しの一つ、たとえばその北極、が恒星天のある星あるいはある部分に向い、たとえ年周運動でその大軌道の周囲に沿って運ばれても、つねに同じ方向に向って維持されるというような状態にあるのです。このことだけででも驚きを止めさせ、あらゆる困難を取り除くに十分です。しかしもしこれだけでも不足ではないこの協同的原因に、地球がその一定部分を恒星天の一定部分に向ける驚くべき内在的性能を付け加えるならば、シムプリチオ君はいったい何というでしょう。ぼくのいっているのは磁石のどの一片にもきわめて強固に分有されている磁的性能のことです。もしそのような石のどのごく小さな部分もそれ自身、そのような性能をもっているのであるならば、この同じ性能が、そのような物質を豊富にもっており、おそらくそれ自体、その全体的また第一次的実体にかんしては巨大な磁石の塊にほかならぬこの地球全体にもっと高度に存在することをたれが疑うでしょうか」（『天文対話』下巻、一六八ページ）。ここでサルヴィアチが語っているのは、「コペルニクスが大地に帰属した第三の運動」――「大地」（地球）の自転・公転に加えての第三の運動――についてである。サルヴィアチの「ぼくらはつぎのことを証明しようとしていたのです。すなわちコペルニクスが大地に帰属した第三の運動というのはまったく運動ではなくて静止であり、大地の一定部分を宇宙の同一の一定部分に不変に保つことである。すなわち大地の日周回転の軸を永遠にそれ自身に平行に保ち、一定の恒星に向けて保つことであると。そしてわれわれはそのきわめて恒常的な状態は流動的で柔軟な媒体のうちの自在な、またそこに中吊りされたあらゆる物体に自然的に適合するものであるといいました。このような物体はたとえ回転させられても、外部の事物に対して方向を変えず、単にこれを運ぶもの、またこれを運ぶ容器に対してそれ自身が自転するように見えたにすぎません。さらにわれわれはこの単純な自然的出来事に磁石の性能を付け加えました。そして地球はこの性能によってこんなにしっかりと不変に保たれうるのだなど。」（『天文対話』下巻、一八四ページ）という語りを併せ考えれば、ガリレオが「コペルニクスが大地に帰属した第三の運動」――その「第三の運動というのはまったく運動ではなくて静止であ〔る〕」と述べられているが[12]――を、「磁石」の「その軸を宇宙の一定部分に向け、そこで保つ水平の回転運動」（『天文対話』下巻、一八四ページ）との類推（analogy）において把握しようとしていることは、明白である。そして、サグレドの「これら三つの運動[13]の他に、おそらく第四の運動をするということもありえないことではないのです。すなわち磁石を空中か流動的で柔軟な媒体のなかで自在にし中吊りにし、したがってすべての外的で偶有的な障害を除くと、それ自身の軸の周りを回転するという運動です。そしてこの考えをギルバート自身も称讃しているのが見られます。云々」（『天文対話』下巻、一八五ページ）という語りにおいて、ガリレオは、地球の自転が地球の磁的性能によることを、示唆している。青木靖三氏は、『天文対話』下巻、「訳註」の、「〔岩波文庫版『天文対話』下巻〕一八五頁　この考えをギルバート自身云々」についての訳註で、次のように解説しておられる。「ギルバートは『磁石について』第六巻、第四章で、地球の自転を説明するため、磁石の球が中吊りにされると自転するという説を述べている」（『天文対話』下巻、二六六ページ）。『天文対話』においては、ガリレオは、ギルバートの「磁石の球が中吊りにされると自転するという説」にのみ関心を抱き、ギルバートがその説によって地球の自転を説明しようとしたことには必ずしも関心を向けていない[14]。ただし、同書においても、我々は、ガリレオが

ギルバートの同説によって地球の自転を説明できると考えていた節を窺うことができる。(15)

右の段落の、＊を付した箇所に関して言えば、ケプラーの著作『宇宙の調和』（一六一九年）の表題中に記されている「調和」という言葉は、音階の調和、したがって和声を意味する。我々は、『宇宙の調和』の中に、ケプラーが、ガリレオの父ヴィンツェンツォ・ガリレイの著作『古代音楽と現代音楽についての対話』の音楽理論を念頭に置いて記述している箇所を幾つも見いだすことができる。なお、『宇宙の調和』においてケプラーがプトレマイオスの『調和論』に言及している箇所にも注目されたい。また、右の段落の、＊＊を付した箇所に関して言えば、既に『宇宙の神秘』（一五九六年）において、ケプラーは、惑星の軌道運動を駆動する作用について、次のように述べている。「それでもなおわれわれが、一層はっきりと真実に近付き、比の中に何らかの規則性を期待しようとするなら、次の二つの見解のうちで、どちらか一つを立てなくてはならない。すなわち、主動者となる霊が〔各惑星の中に〕あって、その力は、太陽から離れた所にあるほど弱くなるとするか、それとも、全惑星軌道の中心である太陽にただ一つの主動霊（motrix anima）が宿り、ある天体がその近くにあればあるほど、それは一層強く作用し、より遠くにある天体の場合は、遠さとその力の衰弱のために、それはいわば疲弊するとするかである。だから、光源が太陽にあり、円軌道の原点が太陽の位置すなわち中心にあるように、いまや、宇宙の生命と運動と霊とは同じく太陽に帰着することになる。こうして、静止は恒星に、運動の副次的な諸作用（actus secundi）は諸惑星に、だが、運動の本質的な第一の作用（actus primus）は太陽に属することになる。太陽のこの第一の作用こそ、万物の中にある副次的な作用に対して、くらべようもなくすぐれて高尚である。云々」（ヨハネス・ケプラー著、大槻真一郎・岸本良彦訳『宇宙の神秘』（工作舎、一九八二年、初版、二〇〇九年、新装版第三刷）、二八三－二八四ページ）。〔　〕内は、訳書による。）ここにいう「比」については、この記述に先行する二つの段落を見られたい。「次の二つの見解のうちで、どちらか一つを立てなくてはならない」と記しながらも、ケプラーは、初めから第二の見解に与している。なお、ケプラーは、『宇宙の神秘』第二版（一六二一年）の自注三で、「霊（Anima）という語を力（Vis）という語に置き換えれば、『新天文学』で基礎を築き、『概要』〔＝『コペルニクス天文学概要』〕第四巻で完成した天体物理学のもとになった原理そのものが得られる。云々」と記している（以上、ヨハネス・ケプラー著、大槻真一郎・岸本良彦訳『宇宙の神秘』、二九〇ページによる）。『宇宙の神秘』から右に引用した論述に関して、高橋憲一氏は、次のような指摘をしておられる。「『宇宙誌の神秘』のもう１つの特徴〔＝「惑星天球と正多面体を交互に内接させる仕方で宇宙は設計されている」とする学説が展開されていることに加えての、もう１つの特徴〕は、天界運動を引き起こすものを考えたことである。この時点では、太陽に存する「駆動霊魂」（anima motrix）が外部へ平面的に——自転車のスポークのように——放射され、それが回転することによって惑星を動かすと考えられた。そのためにケプラーは太陽が自転していることを要請した。1621年に再版を出したとき、霊魂ではなく「力」（vis）と言うべきだったと自己批判しているが、いずれにせよ、コペルニクスに重要な変更を加えていることは明らかである。コペルニクスのように地球軌道の中心を惑星距離の原点にとることは無意味であり、太陽という物体の存する所を原点にとらねばならない。真太陽を宇宙の力学的中心とすることで、ケプラーは本当の意味で「太陽中心説」としたのである」（高橋憲一訳・解説『コペルニクス・天球回転論』（みすず書房、一九九三年、第一刷、二〇〇四年、第二刷）、二〇九 - 二一〇ページ）。『宇宙の神秘』に関する重要な指摘である。

「隠れた性質」を排除することは、近代物理学の草創期における自然哲学の重要課題の一つであった。「隠れた性質」の排除は、近代物理学における合理的思考法の確立に大きく寄与した。しかし、我々が本書において既に読解した限りでのガリレオのケプラー批判に即して言えば、ガリレオは合理的思考を尊重するあまり、「隠れた性質」を排除することにあまりにも性急であった。ガリレオが万有引力の考えに想到し得なかったことの最大の要因は、彼が天球の存在を、大局的に見れば無批判的に受け入れている点に存するが、更にガリレオの合理的思考の尊重が、却って彼が万有引力の考えに想到するのを妨げてしまっているのである。合理的思考をあまりにも尊重することによって、結果的に見れば、ガリレオの自然科学上での思考に限界性が現れて、近代物理学の基を築いたこの大自然哲学者も、遠隔作用の考えを、「隠れた性質」を肯定する旧い考えとして、頭から排除してしまったのである。

ここで我々は、ガリレオの場合には、「隠れた性質」の排除が、アリストテレス主義の自然学の徹底的批判という一つのイデオロギーに基づくものであったことに、留意しなくてはならない。『天文対話』の「第三日」で、ガリレオはシムプリチオに、次のように語らせている。「実際サルヴィアチ君はよく選んだことばでこの結果の原因を大いに明らかに説明されましたから、たとえ科学をやっていなくとも中位の才能の人なら理解できるだろうと思います。しかしぼくらは専門用語のうちにとどまり、これらおよびこれに似た他の自然的出来事の原因を〔磁力ではなく〕共感ということに求めましょう。共感というのは相互に質のよく似たものの間に生まれる一種の一致であり、相互的な欲望です。したがって反対に他のものが自然的に避け合い恐れ合う憎悪と敵意とを反感とよびます」(『天文対話』下巻、一八三ページ)。シムプリチオにこのように語らせることによって、ガリレオは、アリストテレス主義の自然学に内在する、非合理主義的側面を批判の槍玉に挙げ、それによってアリストテレス主義の自然学の批判を徹底することを目論んでいるのである。右の引用文中に持ち出されている「共感」(simpatie/sympathy)、「反感」(antipatie/antipathy)が、ガリレオにとっては「隠れた性質」(proprietà occulte/occult quality)、「影響力[*]」(influenze/influence)と同類の、彼の合理的思考が是認することのできない物理作用であったことは、例えば『偽金鑑識官』の、我々が次の段落に引用する記述において、一目瞭然である。(＊を付した「影響力」とは、天体が人間に作用を及ぼしているとする説――例えば、占星術における、天体が人間に影響を及ぼすとする説――で考えられている、天体の不可思議な作用のことであるが、当時提唱されていた潮汐論のうちには、「それからこれ〔＝満干〕を月に関連させる人は多く、かれらは月が水の特殊な支配者だといっています」(『天文対話』下巻、一九六ページ)とシムプリチオが語る、月が海水に及ぼす支配力を、「影響力」として考える学説があったかもしれない。）

『偽金鑑識官』で、ガリレオは、次のように述べている。「しかし、不規則な線とは、なに一つきめられておらず、無限定的、かつ、偶然的であり、そのために定義できず、したがって、なに一つその性質を示せない、要するに、なにも分からないような線です。だから《かかる属性は、ある不規則な線によって生ずる》といおうとするのは、《なぜそれが生ずるのか。わたしには分からない》というのとおなじです。哲学者のなかには、《私には分からない》という本音を隠すために、共感、反感、隠れた性質、影響力、その他の用語を使うひとがいますが、こういう線を導入するのはそれと変わりません。まじり気なしの誠実さのほうが、嘘でかためた二枚舌よりもずっと立派なように、本音で答えるほうが、ずっとましです。だから、疑問を充分には晴らしてくれないとして、こういう不規則な線を提案しなかった〔「ローマ学院の数学者」（『偽金鑑識官』、五二ページ）〕グラッシ神父のほうが、その名をあげた弟子〔＝サルシ〕よりも、ずっと賢明だったことになります」(16)（『偽金鑑識官』、九二ページ）。

前節の初めの箇所に『偽金鑑識官』から引用した記述の説明をも兼ねて、同書の成立について簡略に解説しておこう。右の引用文に名前が記されているローマ学院数学教授グラッシ神父とは、実際には、ここでは「その名をあげた弟子」と記されているロッタリオ・サルシの恩師のことではなくて、『偽金鑑識官』でガリレオが批判・論駁の矛先を向けている、『天文学的哲学的天秤』

（一六一九年）の著者ロッタリオ・サルシその人のことである。『天文学的哲学的天秤』の正式表題は、『マリオ・グイドゥッチがフィレンツェ学士院で説明し、最近〔『彗星についての講話』という表題で〕公刊された、ガリレオ・ガリレイの彗星についての意見を吟味する天文学的哲学的天秤』（『偽金鑑識官』、三〇ページ。同書の訳注による）である。グイドゥッチは『彗星についての講話』（一六一九年）において《ガリレオの彗星についての意見》を紹介した。『天文学的哲学的天秤』は、オラツィオ・グラッシ神父が『彗星についての講話』に叙述されている《ガリレオの彗星についての意見》を論駁することを企図して、ロッタリオ・サルシという偽名で執筆した書物だったのである。ガリレオが「ロッタリオ・サルシなる仮面のかげに身を隠した人物」（『偽金鑑識官』、二〇ページ）と名指ししている『天文学的哲学的天秤』の著者は、実はグラッシ神父だったのである。事の起こりは、一六一八年十一月、一つの大きな彗星を含む三つの彗星が天空に現れたことであった。三彗星の出現は人々の不安を煽り、彗星の出現が月上界の現象であるのか、月下界の現象であるのか、一体、彗星の本体は何であるのかを巡って、天文学者たちの間で大きな議論が沸き起こった。『天文学的哲学的天秤』に先立って、オラツィオ・グラッシは、『一六一八年の三つの彗星についての天文学的検討』（一六一九年）を著した。『彗星についての講話』に叙述された《ガリレオの彗星についての意見》は、グラッシの『イエズス会のローマ学院において、この会に属するひとりが公表した、一六一八年の三つの彗星についての天文学的検討』（同書の正式表題。『偽金鑑識官』、三〇－三一ページの訳注による）に異議を呈する恰好になったのである。

彗星の出現は、長い間、謎の天文事象であった。彗星の軌道運動でさえも、ニュートン及びハリーによって解明されるまでは、誰にも分からなかった。『偽金鑑識官』に叙述されているガリレオの彗星論に科学的意味を認めることは、彗星の本体が解明され、更に彗星の起源さえもが解明されている現代の我々には、不可能である。ただし、我々は、ガリレオが『偽金鑑識官』で『天文学的哲学的天秤』の記述を引用し、それに即して逐条的に同書の批判を行ない、それを通して自分の彗星論を、自分のコペルニクス的宇宙体系論をも巧妙に織り込みながら（『偽金鑑識官』、五七‐五九ページ、参照）哲学的に論述していることに、留意しなくてはならない。ガリレオは、『偽金鑑識官』の序章において、例えば、次のよう述べている。「わたしは、サルシの使った天秤の比喩を利用して、それに『偽金鑑識官』なる標題をつけたいと思いました。というのは、グイドゥッチ氏の主張の重さを測るのに、サルシはいささか目の荒すぎる天秤を使ったようですが、わたしのほうは、六〇分の一グラン以下の重さまで測れる、実に精密な偽金鑑識官の天秤を使いたかったからです。わたしはできるだけ丹念にこの天秤を使用し、かれが公表したいかなる命題をものがさず、ことごとく鑑識していくつもりです。云々」（『偽金鑑識官』、二一‐二二ページ）。『偽金鑑識官』でガリレオがこのような仕方で論議を展開しているのは、一つには、当代のアリストテレス主義の教育の拠点、ローマ学院の学者たちに対して批判的見解を呈することを、ガリレオが己の使命と考えていたからである。ともかくも、『偽金鑑識官』においてガリレオは、哲学者としての態度を確立した。そのようなガリレオにとって、『新科学論議』と並んで、それを執筆することを生涯の究極目標と考えていた二編の大対話編一つである『天文対話』を執筆する際、慎重に構えて地動説を純粋な数学的天文学の理論（数学的仮説）として論述することは、あるいは初めから無理であったかもしれない。

地動説を主張するためには、それを純粋な数学的天文学の理論として論述する方がガリレオにとって賢策であったことは、自明の事柄である。『天文対話』に限って言えば、それは、自分の科学研究の成果を発表するという意図によってよりも、むしろ大対話編を執筆することを企図して著述された作品であったように、私には思われる。というのも、『天文対話』の最終日の「第四日」の対話は、サグレドの、次のような語りで結ばれているからである。「これがぼくらの四日間の推論の最終点となりうるでしょう。このあと、もしサルヴィアチ君がよければ、われわれの好奇心を押えてしばらく休息してもらいましょう。ただし条件があります。すなわち、われわれがきまりに従ってあと回しにし、もう一度あるいは二度の会合のときにかれに提出しようと書きとめておいた問題についての、特にぼくの、欲望を満たすためには、また別に出直す方がかれに好都合だという場合にはのことです。ぼくはなかでもぼくらの学士院会員〔＝リンチェイ学士院会員ガリレオ・ガリレイ〕の自然的および暴力的位置運動についての新科学の要点を聞きたいと熱心に期待しているのです。それはともかく、いつものように、ぼくらを待っているゴンドラに乗ってしばらく疲れ休めに行きましょう」（『天文対話』下巻、二五五 - 二五六ページ）。ここでは、後に『新科学論議』として著述される大対話編が、『天文対話』と双対的な作品であることが、明言されている。そして、我々はそこに、『天文対話』という大対話編を書き終えようとしているガリレオが、『新科学論議』にまとめられる科学論考を、勢いに乗じて『天文対話』と同じような大対話編として執筆することを思い立っている姿を、読み取ることができる。

ガリレオは、『偽金鑑識官』で、「自然という書物は数学の言語で書かれている」という命題を提示する際、本章、第一節の第二段落に引用した、この命題を含む記述の直前で、次のように述べている。「……この場合、彗星を問題にしているだけであって、ほかのことは問題にしていないのに、彗星の距離、大きさ、運動、理論について、かつてなに一つ書きのこしていないプトレマイオスやコペルニクスを引き合いにだすのは、もっと大きな見当はずれです。おなじ理由から、ソフォクレス、バルトロ、あるいは、リヴィウスも、そのふたりといっしょにできるでしょう。そのうえ、サルシは牢固《ろうこ》たる信念をひめているように、わたしにはみえます。哲学的に考えるには、だれか有名な著者の意見に依拠する必要があり、したがって、われわれの頭脳が他人の論説を妻帯していない場合には、まったく不毛不妊の状態にとどまらざるをえない、という信念です。おそらくかれは哲学を、ほんとうのことがその本に書いてあるかどうかはすこしも問題でない『イリアス』や『狂えるオルランド』のような、一冊の本ないしひとりの人間の空想、とでも考えているのでしょう。サルシさんとやら、そうは問屋がおろしませんぞ」（『偽金鑑識官』、五六－五七ページ）。

ここで、ガリレオにおける哲学の概念について、我々の論述に必要な範囲で考察しておこう。

ガリレオに従って言えば、「哲学」は、「だれか有名な著者」の書物のなかに書かれているのではなくて、「眼のまえにたえず開かれているこの最も巨大な書（すなわち、宇宙）」のなかに、「数学の言語」で書かれているのである。ガリレオにおいて「哲学」という言葉で考えられているのは、「自然哲学」のことである。西洋近代自然哲学の成立以前においてその「自然哲学」を支配してきたのは、大局的に言えば、アリストテレスの自然哲学であった。ただし、アリストテレスの自然哲学は、本質上、形而上学的性格を備えた、現代的意味での自然科学の地平を越える、極めて包括的な学問体系である。その意味では、アリストテレスの自然哲学を超克することを目指して、科学者としての生涯を送ったガリレオの場合にも、「哲学」という言葉で考えられているのは、必ずしも狭義の自然哲学に限定されるわけではない。「哲学する」場合、我々は自己を、学説の権威による束縛から解放しなくてはならない。私が『偽金鑑識官』を読んだ印象では、ガリレオは、サルシとグラッシ神父が同一人物であることに、全く気づいていない。ガリレオは、グラッシ神父がティコ・ブラーエの彗星学説を踏まえて、アリストテレスの彗星についての考えに依拠しない、それに背馳する彗星学説を提唱した点を、高く評価して、次のように述べている。「……ここでわたしは、閣下（＝チェザリーニ閣下）に御注意いただきたいのですが、サルシはわざとか、うかつにか、動機がなんであれ、その師グラッシ神父の名声を相当傷つけています。グラッシ神父の『問題』（＝『一六一八年の三つの彗星についての天文学的検討』）のおもな目的は、神父の著述ではっきり分かるように、また、サルシ自身、その本の七ページでくりかえし認めているように、アリストテレスの彗星にかんする意見を攻撃することにありました。したがって、最高の著者〔＝アリストテレス〕に反対する者は無視しなければならないとすれば、グラッシ神父こそ無視されるべきひとであるはずです。にもかかわらず、わたしたちは神父を無視しなかったのみならず、最高の知性〔＝アリストテレス〕にたいする評価とおなじ評価を与えて、同列に置いたのです。したがって、この場合にかぎっていえば、弟子〔＝サルシ〕が見下したぶんだけ、わたしたちは神父をもちあげたわけです。最高の知性〔＝アリストテレス〕にたいする反対者は、俗衆なみに取り扱わなければならないけれども、反対者自身も最高の知性である場合には、尊敬しなければならない、そういう主旨だったのだ、とでもいわないかぎり、サルシに弁解の余地はないとわたしは思います[17]」（『偽金鑑識官』、三三―三四ページ）。

ここにいう「アリストテレスの彗星にかんする意見」とは、彗星は月上界に出現した天体ではなくて、地球の大気圏上層での気象現象であるとする彗星学説のことである。既に一五七七年、ティコ・ブラーエは、彗星に視差が認められないことを観測によって確認し、したがって彗星は地球の大気圏上層での気象現象ではなくて、月上界を運動する天体であることを、論証している。ただし、ティコは、彗星が直線運動する天体であることを、観測によって確認したと考えている。『一六一八年の三つの彗星についての天文学的検討』において、グラッシは、彗星は月上界を運動する天体であるとするティコの学説を採用し、併せてアリストテレスの運動論に従って、彗星は円軌道を描いて運動する天体であるという考えを提唱した。ガリレオはといえば、彗星は地球の大気圏上層で蒸気気体が一まとまりになって太陽光線を反射する現象にすぎないと主張した[18]。ちなみに、ガリレオは『天文対話』の「第一日」で、「『反ティコ』の著者」キアラモンティの、同書における彗星学説について、シムプリチオに次のように語らせている。「彗星に関していえば、これを天上のものにしようとした最近の天文学者は『反ティコ』の著者によって論破されてしまった、しかも天文学者自身の武器、すなわち視差とさまざまにこみ入った計算とで論破されてしまったではありませんか。そして結局は、〔彗星を構成している物質は〕すべて地上の物質であるとアリストテレスに有利な結論を下したではありませんか。新しい説の弟子たちが、あんなに重きをおいていたものが取り去られてしまったのに、まだ他に何か足場とするものが残っているのですか」（『天文対話』上巻、八五ページ）。キアラモンティがアリストテレス主義の自然哲学者であることもあって、ここではガリレオはシムプリチオに託して、『反ティコ』（一六二一年）に賛同的な自分自身の彗星論を叙述している。シムプリチオのこの語りに続けて、サルヴィアチが、次のように語る。「……この最近の著者は一五七二年と一六〇四年の新星について、また太陽黒点について何といっていますか。というのは彗星についていえば、ぼくに関するかぎり、これを月より上で生成させようと下で生成させようと、あまり問題はありません。またティコ・ブラーエの多弁にはあまり重きをおいたことがありません。また彗星の物質が地上のものであり、また彗星はその欲するままに逍遥学派の天――ぼくはわれわれの空気よりもずっと軽く柔軟性があり微細であると考えますが――の不可透入性に妨げられることなく上昇しうるものと考えるのになんらの嫌悪も感じません。また視差の計算については、まず彗星がそのような偶然性に服するものかどうか疑わしいです。それに、計算の基づいている観測の不正確さがまたどちらの意見をも疑わしいものにしています。特に『反ティコ』の著者は自分の目標にそぐわない観測を自分勝手に直したり誤りとしたりしているからいっそうそうです」（『天文対話』上巻、八五－八六ページ）。このサルヴィアチの弁舌は、ガリレオがシムプリチオに託して直前で述べた自分の彗星論を補充することを意図した語りであるが、ここではとりわけ、ガリレオがキアラモンティの彗星学説を無批判的に受け入れているのではないことに留意しよう。グラッシがアリストテレスの彗星学説を無批判的にそのまま採用していない点を称賛することによって、「哲学」の本来的在り方、「哲学する」という営為の本来的在り方を、我々に説示したガリレオである。彼の合理的思考の根底には、そのようにして培われた批判的思考が存している。

第三節　ガリレオによる世界像の変革・世界観の革命

佐藤文隆『破られた対称性　素粒子と宇宙の法則』（PHP研究所、二〇〇九年）、第4章「素粒子論のメタ」の二番目の節の小見出しは「世界天文年」であり、三番目の節の小見出しは「ガリレオとダーウィン」である。二〇〇九年は、「ガリレオが「はじめて望遠鏡で宇宙を見た」年から四〇〇年目」に当たる「世界天文年」であった（佐藤文隆、同上書、一三八ページ）。佐藤文隆『破られた対称性　素粒子と宇宙の法則』の「素粒子論のメタ」の章の「ガリレオとダーウィン」の節の、ガリレオについての記述を引用させていただく。「四〇〇年前のガリレオが、現代とどうつながるのか？　天が地と同列に考えられることを示したのがガリレオである。地動説を提唱し、月面の山、太陽黒点、木星の衛星など、望遠鏡を通して見た天体が彼に教えたことは、「宇宙はこの世の一部である」であった。もちろん抽象概念としての「あの世」や「天」はなくなったりしないが、それまでの知的権威が「天」を天体宇宙に重ねて説いており、またその実在性が「天」の教えの説得性の支えであった。この秘められた結びつきの虚偽を、彼はあっけらかんと否定して見せた。その支えを奪われた当時のローマ法王庁が、ガリレオを裁判にかけたのもむべなるかなである。／人の世の教えを抽象的に説得するのは難しいから、「支配しているモノに従う以外ないでしょう」という安直な説教は、ガリレオの登場によって破綻した。そして近代の個人というものが誕生する。デカルトの「われ思うゆえに、われあり」もパスカルの「考える葦」も、みなこの転換を象徴する言辞である。望遠鏡で宇宙を見ることで、「天」の席に人間が主役として座るようになったのである。もちろん、もろもろの背景を飛ばした言い方だが、科学知識が世の中の変革を加速したといっても決して過言ではない」（佐藤文隆、同上書、一三九‐一四〇ページ）。

佐藤文隆氏の右の記述から私は多くの着想を得た。私は、アリストテレス以来の地球に対する天界の絶対的優越性の考えが、ガリレオの、望遠鏡を用いての天体観測によって覆されたことの意義を改めて認識した。

『星界の報告』の献辞「第四代トスカナ大公／メディチ家のコジモ二世殿下に」（『星界の報告 他一編』、七‐一一ページ）において、ガリレオは、とりわけ木星の「四つの遊星」（同訳書、一四ページ。ガリレオは、木星の衛星に「遊星」・「惑星」という用語（概念）を当てている）を発見したことの意義を誇らかに述べている。[19] ここでは『星界の報告』刊行の時点でのガリレオの天体観測を念頭に置いて述べることとするが、「月は滑らかで平らな表面に覆われているのではない。地球の表面とおなじように、粗くて凹凸にとみ、大きな丘陵や深い谷や褶曲に覆われている」（『星界の報告 他一編』、一四ページ）ということの発見も、地球に対する天界の絶対的優越性の考えを、根底から覆すのである。月面の筒眼鏡（望遠鏡）観測も、ガリレオに画期的な発見をもたらしたのである。青木靖三氏は、次のように述べておられる。「しかしこのこと（＝『星界の報告』は、発行と同時に、「急速に普及し、コジモ二世に献上した（一六一〇年三月）一九日には、五五〇部刷ったのが一部も残っていなかったという」こと）も当然であった。というのはガリレオの発見は、単に天文学上の新事実の発見という以上に、新世界発見の意味をもっていたのだから。なによりも月表面の不規則さと、そこでの太陽光線の反射の事実は、月は固有の光をもつ不滅の天体の一つであるという考えを打倒した」（青木靖三『ガリレオ・ガリレイ』、五一ページ）。また、ガリレオは、『星界の報告』の献辞で、自分が筒眼鏡観測によって発見したガリレオ衛星について、次のように述べている。「……わたしたちは遙かに確実な、しかも、適切なことを、君主たる殿下に予言できます。殿下の魂の不滅の価値は、地上ではまだ輝いておりません。しかし、天空において、殿下の比類なき力を永遠に語りつぎ讃えるであろう星が、輝きはじめたのです。しかも、ここに殿下の御名を保持する星〔すなわち、「メディチ星」〕（『星界の報告 他一編』、一〇ページ）は、恒星の目立たないおびただしい群には属せず、遊星の輝ける序列に入っております。それは、たがいにことなる運動をしながら、もっとも高貴な星であるユピテルのまわりを、驚くべき速さで進行し回転しています。あたかもユピテルの御子のようにうちつれて、一二年の歳月で、世界の中心、すなわち、太陽のまわりをいっしょに大きく回転しています。そして、私には星の創主みずからが明らかな徴しをもって告げ給うているように思われます。これらの新しい惑星には、ほかのだれより殿下の御名をつけるように運命づけられているのだ、と。云々」（『星界の報告 他一編』、八‐九ページ）。『星界の報告』の献辞において、ガリレオがメディチ星の発見の意義を誇示しているのは、同書がメディチ家のコジモ二世に献げられるものであることのみによるのではない。右の引用文において強調されているのは、自分が、木星の周りを公転しているメディチ星を発見したということだけではない。そこでは更に、木星がメディチ星を伴って、《世界の中心》である太陽の周りを公転していることが、強調されている。ガリレオは、自分の地動説の考えを念頭に置いて、メディチ星の発見の意義を強調しているのである。ガリレオは、メディチ星の発見によって、地動説にまつわる感覚的不整合性が完全に払拭されたと考えている。ちなみに、『天文対話』の「第三日」で、ガリレオは、サルヴィアチに次のように語らせている。そこでは、メディチ星の発見の宇宙体系論的意義が述べられている。「……こんどは大地の運動の大きな見苦しさと思われたこと、すなわち他の惑星すべてが太陽の周りを回るのに、大地だけが他の惑星のように単独ではなく、月を伴ない、地上の元素の全天球とともに一年に太陽の周りを進み、しかも同時に月そのものが毎月大地の周りを動くということを解決することが残っています。ここでもう一度コペルニクスの驚くべき洞察力に大声をあげ感歎しなければなりません。それとともにかれの不幸を歎かねばなりません。というのはかれがわれわれの時代に生きていないからです。いまならば、大地と月の有する運動のみかけのうえでの不合理さを除くために、もう一つの大地といってもよい木星が一つの月をもつどころか四つの月を伴ない、四つのメディチ星の天球内部に含まれうるすべてのものとともに太陽の周りを一二年で進むのが見られるからです」（『天文対話』下巻、八七ページ）。青木靖三氏は、前引の記述に続けて、次のように述べておられる。「さらにまたメディチ星の発見は、宇宙には大地とは別に、運動の中心となりうる天体が他にもあることを証明した。この新惑星は、月が地球にたいしてもつ関係を木星にたいしてもつ。アリストテレスは、大地があらゆる天体の円運動の中心にあるということを、大地だけが重く、他の天体はすべて重さをもたないという前提から証明したのである。しかし木星がメディチ星という他の天体の円運動の中心にあるとすれば、木星も重さをもつのではないのか。そして大地も惑星の一つではないのか」（青木靖三『ガリレオ・ガリレイ』、五一－五二ページ）。ここでは、メディチ星の発見の天文学的意義について、誠に的確な指摘がなされている。とりわけ、アリストテレスが「大地があらゆる天体の円運動の中心にあるということを、大地だけが重く、他の天体はすべて重さをもたないという前提から証明した」点に注目して、メディチ星が木星を中心としてその周りを《円運動》をしていることの確認に基づいて、ガリレオは「木星も重さをもつのではないのか」と考えたはずであるという指摘は、重要である。ガリレオの地動説は、惑星も地球と同様に重さを持つ天体であり、したがって惑星も地球の物質元素と同様の物質元素から成る、その意味で《同質の天体》であるという考えと、相即不離の関係にある。望遠鏡を用いてのガリレオの天体観測は、アリストテレスの天体論を根本的に覆した。そして、ガリレオは、彼が望遠鏡を用いての天体観測によって得た成果が、アリストテレス主義の哲学を覆し、プトレマイオスの宇宙体系論を覆す決定的な証拠であることを、直ちに直観した。

ここで留意しなくてはならないのは、ガリレオがアリストテレスの天体論・自然学を必ずしも完全には克服していないということである。ガリレオは天体が完全な《円運動》をすることを当然のことと考えている。[20]『天文対話』の「第二日」で、惑星（木星の衛星を含む）の運行について、ガリレオはサルヴィアチに、次のように述べさせている。「……その秩序というのはこうです。すなわち軌道が大きければ大きいほどその回転がおわるのに長い時間がかかり、軌道が小さければ回転が短い時間におわるということです。たとえば土星は他の惑星すべてより大きな円を画いていますが、[21]回転に三〇年かかります。木星はより小さい円を一二年で回転します。火星は二年です。月はそのずっと小さい円をただの一ヵ月で通過します。そして同じようにはっきりと、メディチ星のうち木星にもっとも近いものは非常に短い時間すなわち約四二時間で、そのつぎのは三日半で、第三のは七日で、そしてもっとも離れているのは一六日で回転するのが見られます。そしてこのきわめて調和を保った経過は、二四時間でなされる運動が地球そのもののなすものであるとしても、まったく変ることはないでしょう。云々」(『天文対話』上巻、一八二ページ)。

アリストテレスの運動論の根幹を成す、天体の自然運動としての《円運動》の考えをそのまま受け入れながらも、客観的に見れば、ガリレオは自然哲学に大きな変革をもたらした。我々は、地球が《宇宙の中心》としての太陽の周りを公転する、地球のその公転運動は当然《円運動》である、というガリレオの考え方に留意しなければならない。この場合には、ガリレオは、月上界の天体の運動を、地球の運動に適用しているのである。(付言すれば、ガリレオにおいては、地上の物体の運動を月上界の天体の運動に適用する考えは、認められない。)ガリレオにおいては、月上界の天体の運動と地球の公転運動が、《円運動》という《同一の運動》であるという考えが、確立している。この考えこそが、ガリレオに彼に固有の慣性の法則を着想させたのである。ガリレオは、天界の運動と地球の運動・地上の物体の位置運動が、本質的には《同一の運動》であることを洞察した。月上界の天体と地球が《同質の天体》であることの認識と、月上界の天体の運動と地球の運動・地上の物体の位置運動とが、本質的には《同一の運動》であることの認識が相俟って、ガリレオによる《世界像の変革・世界観の革命》がもたらされたのである。

太陽系の惑星が楕円軌道を描いて太陽の周りを公転していることを定式化した、ケプラーの法則の第一法則は、第二法則と一緒に、『星界の報告』が刊行される前年、一六〇九年に刊行されたケプラーの著作『新天文学』で発表されている。ただし、ガリレオにとっては、ケプラーの三法則のうちの最も基本的な法則である、惑星の楕円軌道の法則（第一法則）を惑星の運動法則として受け入れることすら、不可能であったはずである。ちなみに、ガリレオとケプラーの交流は、既に一五九七年に始まっている。[22] その際、ガリレオは、ケプラーからその前年に刊行されたケプラーの著作『神秘な宇宙』（『宇宙の神秘』）を贈呈されている。そして、それを機縁にして、両者の間で、近代天文学の草創期における地動説の展開を知る上で極めて重要な意見交換がなされている。

ガリレオの『星界の報告』は、もちろんケプラーにも贈呈された。『星界の報告』は、ケプラーの天文学研究にも新しい方向性を与えた。ガリレオが宇宙体系論における真のライバルとして意識していたのは、あるいはケプラーであったかも知れない。『天文対話』の、同書を読解する上で重要な序言「読者諸賢へ」（『天文対話』上巻、一四‐一七ページ）の、「こんなわけでわたくしがこの著作でやろうとしていることは、この問題についてアルプスの向うの勤勉な人びとが想像し得たくらいはイタリアでも、とくにローマでは知られているということを外国の人びとに示そうとすることとです。またそれとともにコペルニクスの体系をめぐっての本来の思弁すべてを一緒に集め、これらすべてについての知識はローマでの譴責《けんせき》以前にあらかじめ知られていたこと、またこの地方からは魂の救いの教義が生じるだけではなく、またそこにはすぐれた才能の持主を喜ばせるすぐれた発見も見いだせることを知らせようとすることです」（『天文対話』上巻、一四－一五ページ）という、ガリレオのカトリックの立場の表明が織り込まれている記述において、「アルプスの向うの勤勉な人びと」という言葉で意識されているのは、とりわけケプラーであったはずである。『天文対話』で地動説を論述する際、ガリレオが、ケプラーが自分自身の地動説を論述した書物でもある『コペルニクス天文学概要』（全七巻。一六一八―一六二一年）を意識していたことは、当然、考えられ得ることだからである。

ガリレオは、筒眼鏡を用いての月面観測によって、月上界の天体と地球が《同質の天体》であることを認識した。その認識は、ガリレオが『星界の報告』刊行後間もなく開始した、望遠鏡を用いての太陽の黒点の発見・観測によって更に増強される。そのことは、マルクス・ヴェルザー宛ての、ガリレオの三書簡から成る『太陽黒点とその諸現象にかんする誌および証明』（一六一三年。『星界の報告　他一編』の「「太陽黒点にかんする第二書簡」訳注」の最初の訳注（同訳書、一四九－一五〇ページ）に訳出されている、同書簡集の正式表題の主要部分を、書名として記した）において明らかである。ここでは、同書の刊行から長い年月をおいて刊行された『天文対話』に即して、ガリレオによる《世界像の変革・世界観の革命》を論説するために必要な範囲において、太陽黒点の発見・観測についてのガリレオの記憶を辿ってみよう。

『天文対話』の「第三日」で、ガリレオは、サルヴィアチに次のように語らせている。「天界の他のあらゆる新しいことについても同様ですが、太陽黒点の最初の発見者、観測者はわれわれのリンチェイ学士院会員〔＝ガリレオ〕でした。かれはこれを一六一〇年に発見したのですが、当時かれはパドヴァ大学で数学の講師をしており、そことヴェネツィアとでそのことについてさまざまな人に語りました。かれらのうちの何人かはまだ生きています。そして一年後、かれはその黒点をローマで多くの紳士たちに見せました。このことはかれがアウグスブルグの二頭政治家の一人マルクス・ヴェルザー氏への最初の手紙で主張している通りです。かれこそ天の不変性を失うことにあまりにも臆病に恐れる意見に対して、そのような黒点が短い時間に生じまた消滅する物質的なものであることを主張した最初の人なのです。そのものの場所についていえば、それは太陽に付着して太陽の周りを回転しているか、それとも自己の中心の周りを約一ヵ月で回転する太陽そのものによって運ばれて回転をおわるのです。云々」（『天文対話』下巻、九四ページ）。

ここではまず、ガリレオこそが望遠鏡を用いて天体観測を行なった最初の人であり、「太陽黒点の最初の発見者、観測者」であったことが、述べられている。ここでガリレオの念頭に置かれているのは、もちろん、ヴェルザー宛ての書簡で自分が太陽黒点の最初の発見者、観測者であることを主張したクリストファー・シャイナーである。そして、ここでは更に、ガリレオが太陽黒点の観測によって、それが「短い時間に生じまた消滅する物質的なもの」であることを確認した人であることが、述べられている。[23]月面の望遠鏡観測によって得られた成果に加えて、太陽黒点の望遠鏡観測によって、ガリレオはアリストテレス以来の「天の不変性*」の考えを覆したのである。換言すれば、ガリレオは、月と太陽の望遠鏡観測によって、月上界の天体も地球と同じ物質で構成されていることを、実証的、科学的に明らかにしたのである。それによって、月上界の天体の運動法則と地球上の物体の運動法則が同一の運動法則であるということが、明確に把握された。月上界の天体と地球とが質的に全く異なったものであるという、アリストテレス以来の伝統的な学説が覆らされたことによって、人間の世界像及び世界観に根本的な変革がもたらされた。その《世界像の変革・世界観の革命》を契機にして、ケプラーの惑星軌道理論がニュートン力学へと展開する地平が拓かれたのである。（＊を付した「天の不変性」に関して言えば、例えば『天文対話』の「第三日」で、「一五七二年にカシオペイア座に現われた新星」（『天文対話』下巻、一〇一-一一ページ）を巡る高度な天文学的論議が展開されていることに、留意されたい。ここにいう「新星」は、「ティコの星」と呼ばれる超新星のことである。「新星」の出現は、「天の不変性」の考えに背馳する事象である。仮にその「新星」が恒星天に出現した新天体でないと想定しても、少なくともそれが月上界に出現した新天体であったとすれば、「天の不変性」の考えを維持することは、不可能になる。）

ガリレオは、シャイナーの太陽黒点論を念頭に置いて、サルヴィアチに次のように語らせている。右に引用した弁論の続きにおいての語りである。「……このときたまたまヴェルザー氏がこの黒点を問題としたあるアペレスという匿名の人〔＝シャイナー〕の書いたいくつかの手紙をわれわれの友人〔＝ガリレオ〕に送り、このような手紙についてのかれの見解を率直に述べること、さらにそのような黒点についてのかれの意見がどういうものであるかを知らせてくれることを頼みました。これに対し、かれは三つの手紙でその望みをかなえました。かれは第一にアペレスの考えがどれほど空しいものであるかを示し、第二には自分の意見を開陳し、つづいてアペレスも時間をかけてよく話し合えば絶対に自分に同意するであろうと、そして実際そうなったのですが、予言しています。そしてわれわれの学士院会員は（そして他の、自然の事物について学識ある人びともそうですが）上記三つの手紙で、人間の好奇心がそのような問題について欲し求めうるかぎりのものといわないまでも、人間の理性が追求しうるかぎりのことは探求し証明したように思ったので、しばらくの間は（他の研究に専念して）継続的な観測を中止し、ただ何人かの友人を喜ばすためにときどき断続的に観測に携わっていました。それから数年後、かれとぼくとはぼくのセルヴェの村で単独の大きく濃厚な太陽黒点の一つに出会うこととなりました。かれはまた空が非常に澄み、また晴れつづけていたのに誘われ、ぼくの頼みに応じてその黒点の推移すべてを観測し、毎日熱心に太陽が子午線上にある時間におけるその黒点の場所を紙に記入しました。そしてぼくらはその進行が決して直線に沿ってはおらず、少し曲がっていることに気づき、ずっと観測をしようという気になりました。云々」（『天文対話』下巻、九五-九六ページ）。

『天文対話』の「第三日」からの右の二つの引用箇所でのサルヴィアチの語りにおいて、ガリレオは、彼が太陽黒点の観測によって得た成果に基づいてコペルニクスの宇宙体系論の正当性を論証することを企図しているのであるが、ここでは我々は、ガリレオが、ヴェルザーを介しての、シャイナーとの太陽黒点の発見・観測を巡っての論議——その論議にはガリレオのアリストテレス主義批判も含まれている——の記憶を、長い年月を経て、ただ淡々と叙述していることに、注目しよう。

ガリレオのヴェルザー宛ての太陽黒点論議の第二書簡（一六一二年八月一四日付）には、次のような記述が認められる。「現代まで隠されていた予期せざる驚異からなにか収穫するには、今後、天空の実体についてアリストテレスとは違ったように考える賢明な哲学者たちに、耳を傾けるのがいいでしょう。アリストテレスそのひとだって、現在の感覚的観測を知っていたら、かれらの考えとそう違いはしなかったでしょう。なぜならかれは、自然の諸問題にかんして結論づけることを可能にする方法として、明白な経験を認めたのみでなく、それに第一の地位をあたえたのでした。過去の時代にはそこになんの変化もみられなかったという理由で、かれは天空の不変性を論じているのですから、わたしたちにとっては明白となっていることがらを感覚がかれに示したとすれば、かれは疑いもなく、このような驚くべき発見にもとづいて、わたしたちが考えていると逆の意見にしたがうでしょう。いやさらに、天空の物質が（現在の観測が真だとして）可変的だと主張しても、依然としてそれを不変的だと固執する人びとにたいするほどアリストテレスの教説に反対することにはならない、とわたしは考えています。なぜなら、人間のどんな議論も明白な経験にもとづかなければならないのですから、かれがそれほど確実に不変性を結論したのでないことは確かです。そしてかれは、感覚そのものに矛盾し、ただもっともらしいみかけばかりの理論で補強された見解に固執するよりも、明白な観測にもとづく結論に同意をあたえつつ、いっそう立派に理論化するでしょう。より確実な結論へとわたしたちを導く感覚的現象はなにか、どれほどあるか、を理解するのは困難ではありません。」（『星界の報告　他一編』、一二五－一二六ページ）。太陽黒点の観測によって、ガリレオは、アリストテレスの自然哲学に起源する、「天空の不変性」の考えを反証した。右の引用文において、ガリレオは、哲学・哲学者はどのようにあるべきであるかについて、自分の見解を表明している。その見解の表明は、直接的には自然哲学に関する彼の見解の表明であるけれども、哲学者ガリレオの、哲学研究は「明白な経験」＝「明白な観測」に基づいてなされなくてはならないという、哲学・哲学者の本来的な在り方についての意見の表明でもある。そして、右の引用文においては、ガリレオがアリストテレスその人の学問研究の態度を高く評価していることが、言い表されている。

ガリレオの、望遠鏡を用いての天体観測は、近代的観測天文学の時代の幕開けであった。月上界の天体と地球とが質的に異なったものであるという、アリストテレス以来、西洋の自然哲学を支配してきた考えが覆らされて、《世界像の変革・世界観の革命》が生起した。その《世界像の変革・世界観の革命》によって、地球が実体論的に月上界の天体に劣後するものでないことが、明確に認識された。そして、その《世界像の変革・世界観の革命》は人間に、主体的自我の自覚を促し、西洋近代哲学の成立を促進した。

ここで、ガリレオによる土星の環の観測に言及しておきたい。ガリレオは、土星の環を観測し前た最初の人でもある。『天文対話』には、土星の環について、次のような記述が認められる。前後の文脈に即して理解されるべき記述であるので、ここでは、土星の環についての言及例としてお読みいただきたい。前者は「第二日」のサグレドの弁論からの引用であり、後者は「第三日」のサグレドの弁論からの引用である。

○「反対者はぼくに、地球が獣帯を年周運動し、赤道に沿ってそれ自身日周運動をさせられる原理はどのようなものであるかと尋ねるのですが、ぼくはかれにつぎのようにいいましょう。その原理は土星が獣帯を三〇年で動かされる原理、また土星自身が、これに付随する球の現われたり隠れたりすることで示されるように、赤道に沿ってずっと短い時間に動かされる原理と同じものである。そしてまた、その原理は疑いもなく太陽が一年で赤道を進み、また太陽自身が、その黒点のはっきり示すように、一ヵ月足らずの間に赤道に平行に回転させられる原理と同じものである。そしてまたその原理は、メディチ星が獣帯を一二年で進み、その間に木星の周りをもっと小さい円を画きもっと短い時間に回転させられる原理と同じものでる、と。」（『天文対話』上巻、三九〇ページ）。

○「さらにまたこれらの人びとがあまりにも広大で無用であるとよぶ土星と恒星との間の空間には他に天の物体がないとだれがいったりするでしょうか。おそらく見えないからでしょうか。そうだとすれば四つのメディチ惑星と土星の伴星とはわれわれがそれらを見はじめたときに天に現われたので、それ以前は現われていなかったのでしょうか。また同じようにその他の無数の恒星は人間がそれを見るまではなかったのでしょうか。星雲は以前には単に白い拡りであったのに、のちにわれわれが望遠鏡でそれを多くの明るく非常に美しい星の群に変えたのでしょうか。人間の何という思い上りよう、いや図々しさ、そして無知でしょう」（『天文対話』下巻、一二五 - 一二六ページ）。

右の二つの引用文においては、土星の環には、「〔土星に〕付随する球」ないし「土星の伴星」という言葉が当てられている。ガリレオが用いた望遠鏡の性能はまだ高くなく、土星の環は「土星の伴星」のように見えたのである。土星の環が環として確認されたのは、一六五六年、クリスティアーン・ホイヘンスによってであった。一六七五年、カッシーニが、土星の環に最初に発見された間隙、すなわち「カッシーニの間隙」を発見したことをも、付言しておこう。カッシーニは土星に四つの衛星を発見しているが、ガリレオが観測した「土星の伴星」は、それらの衛星ではなく、土星の環であったはずである。ちなみに、「衛星」という術語を天文学に導入したのは、ケプラーである。ガリレオのいう「伴星」――「土星の伴星」という場合の「伴星」――は衛星のことであるが、『星界の報告』においても、『天文対話』においても、衛星には「惑星」という言葉が当てられている。

木星が四衛星を伴って太陽の周りを公転しているという事実の発見は、コペルニクスの宇宙体系論に、それを支持する上で極めて重要な論拠を与え、また、それは、月上界の天体と地球とが質的に異なったものであるとする考えを覆して、西洋近代哲学の形成の根幹を成した《世界像の変革・世界観の革命》の端緒となった。『天文対話』に即して見る限り、ガリレオは、実際には土星の環に他ならない「土星の伴星」を観測したことを、メディチ星の発見についてのようには、強調していない。我々はここで、もしガリレオが《土星の環》を《土星の環》として確認していたらどうであったかについて、思索を巡らせてみよう。というのも、プトレマイオスの宇宙体系論における惑星軌道論についても、コペルニクスの宇宙体系論における惑星軌道論についても、木星の衛星をモデルにするよりも土星の環をモデルにする方が、惑星の軌道運動をより明瞭にイメージすることができるように思われるからである。もちろん、プトレマイオスの宇宙体系論においては惑星軌道の中心が地球であるのに対して、コペルニクスの宇宙体系論においては惑星軌道の中心は太陽である。木星の衛星を発見しただけでなく、それらの衛星を継続的に観測することによって、それらの衛星が木星の周りを公転していることを確認した点に、ガリレオがメディチ星を観測したことの最も重要な意義が存する。木星の衛星を発見しただけでは、ガリレオは、それらの公転運動を確認することはできなかったはずである。もしガリレオが《土星の環》を《土星の環》として発見していたとすれば、彼はコペルニクスの宇宙体系論に環を伴った土星モデルを適用して、地動説をより説得性のあるものにすることができたはずである。我々は、長岡半太郎博士が一九〇三年、原子核の存在が未知であった時代に、原子モデルとして、土星モデルを提唱されたことを知っている。現代の天文学に即して言えば、太陽系の惑星で環を伴っているのは土星だけではないけれども、子どものころから土星の環のスケッチや写真に馴染んできた私は、土星の環をイメージすることによっていろいろな着想を得て、自然の世界に親しんできた。我々は、ガリレオの天文学がもたらした《世界像の変革・世界観の革命》の意義をより明確にするために、前引の佐藤文隆氏の論説を念頭に置いて考察を進めよう。

ガリレオは、決して研究室に閉じ籠って研究に専念するタイプの科学者ではなかった。ルネサンスの人であったガリレオは、世才に長けた、行動的な科学者でもあった。次節で見るように、ガリレオは、決してローマ教皇庁の教権に挑んで地動説を主張しようとしたわけではない。いわゆる「第一次裁判」以後も地動説を主張し続けることは、望遠鏡による天体観測によって天文学に新たな地平を拓いた科学者ガリレオにしてみれば、自然の成り行きであった。ガリレオの天文学上の発見は、人類に《世界像の変革・世界観の革命》をもたらした、時代を超越した画期的な発見であった。青木靖三氏が『天文対話』の「解説」において指摘しておられるように、ガリレオは『天文対話』で、「まったく誤った前提のうえになりたっていた」「自己の潮汐論」をもって「コペルニクス説の唯一の決定的根拠」として提示している。(24) ガリレオは、潮の満干は地球の自転・公転によって生じるという、自分の誤った潮汐論に何らの疑念をも抱いていない。合理主義的思考法を遵守するあまり、ガリレオは、潮の満干が地動説の正しさを実証する唯一の決定的根拠であると確信してしまっている。科学の進展史に即して見れば、ガリレオの時代に、地球上の物理現象に地動説の決定的根拠を求めることは、ガリレオの才能をもってしても、不可能であった。あるいはガリレオ自身も、潮の満干によって地動説を決定的に論証することは不可能であることに、それとなく気づいていたかも知れない。望遠鏡を用いての天体観測によって、「宇宙はこの世の一部である」（佐藤文隆、前掲書、一四〇ページ）ことを認識したガリレオは、地球が自転し、公転していることを論証するために、地動説に適合的な潮汐論を案出することを企図したのである。それは、ガリレオの天才が然らしめた、ガリレオならではの、地動説の伝統からの逸脱であった。それによって地動説の論証に、あるいは潮汐論に何らかの進展がもたらされたとは考え難いが、我々は、敢えて地上の物理現象に地動説の決定的根拠を求めようとした地動説の伝統からのその逸脱を、ガリレオの科学者としての主体性の発現と見なすことができる。仮にガリレオが、いわゆる「第二次裁判」において、彼の潮汐論が誤っていること、したがってそれに地動説の論拠を求めることは不可能であることが判定されたとしても、ガリレオが望遠鏡を用いての天体観測によって得た成果によって、地動説は、当時の科学で可能な限りにおいて、頂極に到達した、と言うことができる。そして、ガリレオの、望遠鏡を用いての天体観測によってもたらされた《世界像の変革・世界観の革命》は、人間に「近代の個人」（佐藤文隆、同上書、一四〇ページ）の自覚を喚起する極めて重要な要因を、人類の精神史にもたらしたのである。

第四節　ガリレオと宇宙体系論

『天文対話』の終末部には、「海の満干の根拠」を巡っての次のような対話が書き記されている。それを読んだローマ教皇ウルバヌス八世の不興を買ったことが、ガリレオを断罪するに至らしめた大きな原因であったとされる、シムプリチオの語りを含む対話である。[25]

「**シムプリチオ**　そんな弁解をされる必要はありません。（略）つぎに議論されたこと、特にこの最後の海の満干の根拠については、実際のところぼくはまだすっかりわかってはいません。しかしまったく貧しいものではありますがぼくがそれについて得た考えによると、君の議論はぼくがいままで聞いた他の多くのものよりもたしかに真正らしく思えます。しかしだからといってそれが真実で決定的だとは考えません。反対にぼくはつねに精神の眼前に、もっとも学識ありもっとも有名な、その人の前では沈黙しなければならぬ人によって教えられたもっとも堅固な学説を保持しています。ですからもし君たち二人にいったい神はその全知全能をもって水の元素にそこに見られるような往復運動〔＝潮の満干〕を、水を入れている容器を動かすのとは異なった仕方で、させ得たかどうかと尋ねれば、君たちは神はなし得たし、またわれわれの知性では説明のつかぬ多くの仕方ででもそうすることができたと答えるだろうことを知っています。そこでぼくはすぐに結論しましょう。すなわちもしそうであるのなら、他の人びとが神の力と知恵とを自分一人の考えに限り、制限しようとするのはあまりにも大胆すぎるであろうと。

サルヴィアチ　驚くべき、また実際天使のような御説です。これに非常によく対応したやはり神的なもう一つ別な説があります。これは世界の構成について討論することを認めながら、（おそらくこのようにして人間の精神の訓練が短縮されたり、怠けさせられたりしないようにして）しかもわれわれは神の御手によってつくられた御業を発見できないのだと付け加えるものです。ですから神の偉大さを認めこれを大いに賛歎するように神によって許され命じられている訓練を積みましょう。たとえわれわれがどれほど神の無限な知恵の深い深淵に透入することはできなくても。」（『天文対話』下巻、二五四 - 二五五ページ）。

シムプリチオのいう「もっとも学識ありもっとも有名な、その人の前では沈黙しなければならぬ人」とは、ローマ教皇ウルバヌス八世のことであり、「〔その〕人によって教えられたもっとも堅固な学説」とは、天動説のことである。シムプリチオは、「……特にこの最後の海の満干の根拠[26]については、実際のところぼくはまだすっかりわかってはいません。しかしまったく貧しいものではありますがぼくがそれについて得た考えによると、君の議論はぼくがいままで聞いた他の多くのものよりもたしかに真正らしく思えます」と語っている。そこでは、ガリレオはシムプリチオに、「海の満干の根拠」に関するガリレオの学説に蓋然性を認めさせているのである。ただし、ガリレオはシムプリチオに、「しかしだからといってそれが真実で決定的だとは考えません。ただ反対にぼくはつねに精神の眼前に、もっとも学識ありもっとも有名な、その人の前では沈黙しなければならぬ人によって教えられたもっとも堅固な学説を保持しています」と述べさせている。ガリレオはシムプリチオに、天動説を否定させているわけではない。それどころか、ガリレオはシムプリチオに、「ですからもし君たち二人〔＝サルヴィアチとサグレド〕にいったい神はその全知全能をもって水の元素〔＝海水〕にそこに見られるような往復運動〔＝海の満干〕を、水を入れている容器を動かすのとは異なった仕方で〔したがって、地球を自転・公転させることなしに〕、させ得たかどうかと尋ねれば、君たちは神はなし得たし、またわれわれの知性では説明のつかぬ多くの仕方ででもそうすることができたと答えるだろうことを知っています」と語らせている。シムプリチオは、もし「もっとも学識ありもっとも有名な、その人の前では沈黙しなければならぬ人」によって、ガリレオがサルヴィアチに託して主張している、地球の運動性が海の満干の根拠であるという考えが否定されるならば、サルヴィアチもサグレドも、地球の運動性とは別の、海の満干の根拠を——したがって、結局は天動説を——受け入れざるを得ないはずであることを述べているのである。そして、「そこでぼくはすぐに結論しましょう。すなわちもしそうであるのなら、他の人びとが神の力と知恵とを自分一人の考えに限り、制限しようとするのはあまりにも大胆すぎることであろうと。」というシムプリチオの語りにおいて、ガリレオはシムプリチオに託して、ガリレオ自身に他ならないサルヴィアチに、地球の運動性を海の満干の根拠とする学説を放棄するよう勧告している。ガリレオが、再度、宗教裁判にかけられることを免れることを慮ってのことである。

なお、我々は、シムプリチオとサルヴィアチの、右に見た対話における、サルヴィアチの語りに、《神によって創造された自然》を讃美するガリレオの敬虔な態度を観取することができる。その自然讃美は、ガリレオの宗教的心情の自然の発露であって、宗教裁判を回避するための方策ではなかったはずである。

『天文対話』は、シムプリチオとサルヴィアチの、その対話に続けて、ガリレオの第二の長大科学対話編『新科学対話』の構想への言及がなされている、サグレドの短い語り（『天文対話』下巻、二五五‐二五六ページ）で結ばれている。我々は『天文対話』の終末部の、サルヴィアチの語りには、「世界の構成」を窮め尽くすことは人間には不可能であるとする、ガリレオの敬虔な態度・考えが示されている、とみることができる。ガリレオは『天文対話』を、彼の長年にわたる自然哲学研究の成果を叙述する著作として執筆した。ただし、《数学者》である以上に《哲学者》であることを自負するガリレオのことである。『天文対話』には、《哲学者ガリレオ》が顕現している。「ですから神の偉大さを認めこれを大いに賛歎するように神によって許され命じられている訓練を積みましょう」というサルヴィアチの言葉にも窺われ得るように、ガリレオは、自然哲学研究の意義を、あくまでもキリスト教信仰との関わりにおいて認識している。ガリレオにとって、自然哲学研究の意義は、究極的には、神が創造した宇宙を讃美すること、したがって神の偉大さを讃美することにあった。とりわけ、宇宙体系論の研究に真摯に取り組むことは、神意に適うものである、とガリレオは考えていた。ガリレオは、地動説の宇宙体系論を決定的に論証することを、神の偉大さを讃美する自然哲学者としての、自己の使命と考えていたはずである。『天文対話』の序言「読者諸賢へ」には、「これらの考察から世界の人びとが、たとえ他の国民はわれわれよりも広く遠くまで航海しているとしても、われわれも思弁力では劣っているわけではないことを知ってほしいと思いますし、さらにまたわれわれが大地の固定性をやはりもう一度主張し、その反対を単に数学上の気まぐれと考えることになるとしても、このことは他の国民が考えたことについての知識をわれわれが有しないことから生じたものではなく、他のことは別として、敬虔、宗教、全能な神についての認識、そして人間の弱さについての意識が提示する根拠のためであることを知ってほしいと思います」（『天文対話』上巻、一六ページ）と記されている。ここには、「われわれが大地の固定性（＝天動説）をやはりもう一度主張し、その反対（＝地動説）を単に数学上の気まぐれと考えることになるとしても＊」という表現が認められるが、そのような事態が生じ得ることを、ガリレオが実際に考えていたわけではないはずである。あるいは、我々はそこに、天動説の支持者にも『天文対話』を熟読してもらおうとする、ガリレオの意図を読み取るべきであるのかもしれない。右の引用文中には、「敬虔、宗教、全能な神についての認識、そして人間の弱さについての意識」という、ガリレオの自然哲学思想の根底に存する宗教性を直に表す言葉が記されていることにも、留意しよう。（＊を付した箇所において「数学上の気まぐれ」という言葉で観念されているのは、《数学的仮説》[27]のことである。ガリレオがそこで、自分は地動説が単なる《数学的仮説》にすぎないことの可能性を排除するわけではない趣旨のことを述べているのは、『天文対話』を執筆する際、ガリレオは、「第一次裁判」の経緯を顧みて、地動説を《数学的仮説》として唱えることは容認されている、と考えていたからである。）

青木靖三氏は、岩波文庫版『天文対話』の「解説」において、「がんらい、かれ（＝ガリレオ）は本書（＝『天文対話』）を『海の満干についての対話』と題しようとさえ考えていたのである。かれの考えていたこの表題は、一六三〇年、公刊される直前に教皇ウルバノ八世のすすめによりやむなく現在のような表題に変えられた。(28) 教皇はさきのような表題では、地動説が潮汐現象によって決定的に根拠づけられてしまう印象を読むものに与え、あまりにも影響するところが大きいと考えたのである」（『天文対話』下巻、二八五ページ）と述べておられる。ガリレオは、ウルバヌス八世としてローマ教皇に就任する以前のバルベリーニ枢機卿の知遇を得ていた。ちなみに、『偽金鑑識官』（『黄金計量者』）には、リンチェイ学士院の、ウルバヌス八世への献辞「ウルバン八世教皇聖下へ」（『偽金鑑識官』、六－七ページ）が付されている。バルベリーニ枢機卿は、『偽金鑑識官』が刊行された一六二三年、ローマ教皇に就任している。ウルバヌス八世は、ガリレオの科学研究に通暁していた人である。もちろん、「第一次裁判」でローマに召喚され、訓告を受けているガリレオは、コペルニクスの宇宙体系論に与して地動説を提示することによって、再度、ローマ教皇庁検邪聖省の嫌疑が身に降りかかることを、当然、予想していたはずである。しかし、ガリレオは、表題に関するウルバヌス八世の意見を聞き入れることによって、『天文対話』の公刊によって生じるかもしれない宗教上の一切のトラブルを回避できると考えていたに違いない。我々が『天文対話』と呼んでいる、ガリレオの長大対話編の第一作の長い表題には、「そこでは四日間の会合でプトレマイオスとコペルニクスの二大世界体系について論じられ、どちらの側からも同じように哲学的・自然学的根拠が提示される」旨が、明記されている。といっても、ガリレオが意図しているのは、もちろんコペルニクスの宇宙体系論の正しさ、そして自分の地動説の正しさを決定的に論拠づけることであった。そのためには、天動説を支持する学者たちがそこに天動説の論拠を求めてきたアリストテレスの自然哲学及びアリストテレス主義者たちの自然哲学を根底から覆すことが必要であることを、ガリレオは、明確に意識していた。しかし、ガリレオは決して、地動説が、神が創造した宇宙を、したがって神の偉大さを讃美することに背馳するものであるとは、考えていなかった。

青木靖三氏は、『天文対話』下巻、「訳註」の、二五七 - 二五八ページの「〔同訳書〕一〇頁非常に有名な人の名を云々」についての訳註で、「本書〔＝『天文対話』〕の序言にも明らかだが、ガリレイの愛国心も本書成立の重要な一契機となっている」と記しておられる。青木靖三氏が「外国人特にわれわれの宗教から離れた」（『天文対話』下巻、一〇ページ）という言葉に注目して、同訳註において、「ここで考えられているのはまずケプラーのことであろう」と指摘しておられるように、新教国の天文学者たちが地動説を積極的に受容している状況を、ガリレオは明確に認識している。ガリレオが競争相手として意識している新教国の天文学者たちのうちで、最も卓越した天文学者は、ケプラーであった。『天文対話』の序言「読者諸賢へ」においては、ガリレオは、地動説の正しさを確証する論拠の探求において、イタリアの科学者が「アルプスの向うの勤勉な人びと」に後れを取っているのでないことを、主張している。我々は、その序言に記されている、「コペルニクスの体系をめぐっての本来の思弁」という言葉に注目しなくてはならない。ガリレオにとっては、コペルニクスの宇宙体系論の数学的論拠・自然学的論拠の一切が「本来の思弁」（哲学）に包括されるべきものなのである。ガリレオにとっては、その点において、哲学はその他の学問に優越する学問なのである。ガリレオの思考に即して考えれば、哲学者でない限り、そしてアリストテレスの自然学・天体論に通暁した哲学者でない限り、数学的に精緻に組み立てられているプトレマイオスの宇宙体系論を論駁することは不可能であるはずである。

我々はここで、ガリレオの哲学観を、『天文対話』の献辞「大公殿下[29]」（『天文対話』上巻、一一－一三ページ）に即して考察しよう。ガリレオは、次のように述べている。「……そして哲学本来の対象である自然という大きな書物に向うことは眼の向うところを高くする方法です。この自然の書物に読まれることはいずれも、全能な造物主のつくられたものであって非常によく均整のとれたものではありますが、それでもやはり、造物主の仕事と仕業とをわれわれにいっそう偉大なものとして示すものはいっそう完全で価値あるものなのです。そして宇宙の構成こそ、わたくしの信ずるところによると、知りうるあらゆる自然的事物のなかでも第一番目に価値あるものなのです。というのはもし宇宙が普遍的な包括者として大いさにおいて他のすべてのものに先立っているとするならば、これはまたすべてのものを規制し維持するものとして、高貴さにおいても他のすべてのものに先立つべきでしょうから。それゆえ、知性においてこれ以上すぐれて異なっているものがほかにないとすれば、それはプトレマイオスとコペルニクスでしょう。かれらはあんなにも高く世界の構成を読みとり、凝視《ぎょうし》し、哲学したのですから。云々」（『天文対話』上巻、一一一―一二ページ）。

ここには、「全能な造物主のつくられた」「自然という大きな書物」こそが「哲学本来の対象」であるとする、ガリレオの哲学観が、明確に叙述されている。そして、「造物主の仕事と仕業とをわれわれにいっそう」（＝我々が「自然の書物」に読み取ることのできる均整さよりもいっそう」偉大なものとして示すもの」「宇宙の構成」であるとするガリレオの造物主・宇宙についての考えが、明確に叙述されている。ガリレオにとって、「普遍的な包括者」としての「宇宙」は、造物主＝神に次ぐ高貴な存在である。ガリレオは、プトレマイオス、コペルニクスを、「かれらはあんなにも高く世界の構成を読みとり、凝視し、哲学もした」と讃えて、両者の学問的営為を称賛する。宇宙構成論＝宇宙体系論は、哲学に起源を有する学問である。プトレマイオスの宇宙体系論も、コペルニクスの宇宙体系論も、数学的宇宙体系論として構築されている。それらの宇宙体系論は、伝統的意味での哲学ではない。しかし、自然哲学者ガリレオは、それらの宇宙体系論の根源に存する哲学的志向に関心を向けている。ガリレオ自身にしてみれば、『天文対話』における、三人の登場人物の対話は、本質的に《哲学の対話》であり、《哲学の対話》として読まれるべきものであったはずである。ガリレオは、自然学（自然科学）と哲学が、まだ「自然哲学」という一つの学問範疇に包含されていた時代の人であった。そして、天体論・宇宙体系論においても、依然としてアリストテレス主義が支配力を揮い、地動説を主張することが容易でない時代の人であった。ガリレオによって天体論・宇宙体系論に新しい地平が拓かれたことによって、アリストテレス主義の天体論・宇宙体系論が支配力を揮っていた時代は終焉に至った。我々はガリレオの哲学者としての本質的な偉大さを、彼が宇宙体系論に限りない関心を抱き、自然哲学者として、アリストテレスの哲学に起源する天界と地球との本質的異質性の考えを覆して、アリストテレス主義を超克し、西洋近代哲学の広大な地平を拓いた点に認めることができる。『天文対話』に即して言えば、ガリレオの宇宙体系論においては、依然、諸惑星の天球や恒星の天球が想定されている。まだ、土星より遠方に惑星が存在することに、自然哲学者たちが思い及ばない時代であった。ガリレオは、土星の天球と恒星の天球との間の広大な空隙の存在に、大きな関心を抱いている。(30)「宇宙の構成」について研究することは、ガリレオにおいては、人間の知性の本質に即した、高い価値を有する営為として受け止められている。そして、「宇宙の構成」は、天文学が著しく進歩した現在でも、人間が究明し尽くすことのできない神秘に満ち溢れている。ガリレオの宇宙体系論においては、「宇宙の構成」に対する彼の天文学的関心と哲学的・宇宙論的関心とが見事な調和・統一を保っている。

ガリレオ自身の地動説の考え方が、或る意味では公然と織り込まれている『偽金鑑識官』には、潮汐論への言及は認められない。ただし、『天文対話』の序言「読者諸賢へ」には、「もう何年も以前に、わたくしは大地の運動を認めれば海の満潮という、これまで解けなかった問題が、若干は明らかになりうるだろうといったことがありました」（『天文対話』上巻、一五ページ）と記されている。青木靖三氏は『天文対話』上巻、「訳註」の、四一一ページの「〔同訳書一五頁〕もう何年も以前に」についての訳註で、ガリレイは「すでに一六一五年から満干現象の説明にとりかかっている」と述べておられる。ガリレオの、一六一六年一月八日付のオルシニ枢機卿宛ての論文書簡『海の満干についての議論』（『海の満干論』）の執筆が、一六一五年に開始したことを述べておられるのである。(31)

『偽金鑑識官』を執筆する時点においては、ガリレオの、潮汐論によって地動説の正当性を論証しようとする考えは既に確定していたはずであるが、同書の宇宙体系論に関する論述においては、地動説と組み合わされた、彼の独断的な潮汐論への言及はなされていない。そこにおいては、ガリレオは、観測天文学者を自任して、自分がコペルニクス学説を支持するゆえんを述べている。

本書、第二章、第一節の初めに『偽金鑑識官』から引用した記述に続けて、ガリレオは次のように述べている。「それにしても、たといサルシがいうみたいに、わたしたちの知性は、だれかほかの人間の知性の奴隷にならなければならないと仮定し〔こうしてかれが、自分はもちろんのこと、万人を模倣者に仕立てあげて、マリオ氏の場合にはそれを非難したくせに、自分の場合には讃美していますが、それはまあ見逃すとしましょう〕、天体の運動を考察するさいには、だれかの説に同意しなければならないと仮定したところで、全宇宙の体系を比類なく巧妙に構築し、完成の域にまでもたらして、わたしたちに与えてくれたふたり、すなわち、プトレマイオスとニコラウス・コペルニクスをさしおいて、どうしてかれがティコを選んだのか、その理由がわたしには分かりません。ティコがそういう仕事をやったとは、わたしには思えないのです。サルシにとっては、ほかのふたりを否認するだけではことたりず、もうひとりのほうを保証したのだけれども、うまくいかなかった、ということなのかもしれませんが。しかし、ほかのふたりを偽りだと確認したことさえなかったのは、ある程度ティコからうかがえる、とわたしは考えます。プトレマイオスの偽りにかんしては、ティコも、ほかの天文学者たちも、コペルニクスそのひとでさえも、それをはっきり認識できていなかったからこそ、火星と金星の運動において仮定された主要な論拠が、つねに感覚に反していた、という事態がおこるのです。金星面は、太陽との二度にわたる合と分離にさいして、それ自体の大きさがすこしも変わらず、近地点にある火星面は、遠地点にある場合よりも、せいぜい三倍、ないし四倍くらい大きいようにみえる以上、コペルニクスの体系に従って、それらが太陽のまわりを回転しているとすれば、当然、近地点では遠地点でよりも、金星なら四〇倍、火星なら六〇倍くらい大きくみえる必要があるといっても、けっしてだれも説得されたりしなかったでしょう。にもかかわらず、その現象が真実であり、感覚にとって明白であるのを、わたしは証明しましたし、みたいと思うひとにはだれにでも、完備した望遠鏡を使って、それを手にとどくほど間近に示してみせたのです。云々」（『偽金鑑識官』、五七―五八ページ。〔 〕内は、訳書による）。

ここでガリレオは、望遠鏡を用いての内惑星の観測によって、コペルニクス学説の正当性の論証が格段に進捗したことを、誇らかに記述している。ここではガリレオは、自分が宇宙体系論に関して果たした役割を正しく認識している。右の引用文中の「マリオ氏」は、「それにしても、マリオ・グイドゥッチ氏が職務上の責任もあり、適任でもあるというので、学士院〔＝フィレンツェ学士院〕の席上で講演し、後に『彗星についての講話』と題して出版したとき、なにも事情を知らないロッタリオ・サルシが、なぜその本を種に、矛先をわたしにむけ、グイドゥッチ氏のことなど一顧だにせず、わたしをその著述者だときめつけなければならなかったのでしょうか。云々」（『偽金鑑識官』、一八‐一九ページ）という、『偽金鑑識官』の執筆の経緯を知る上で重要な記述に名前を記されている、ガリレオの門弟マリオ・グイドゥッチのことである。そして、前段落に引用した「それにしても、たといサルシがいうみたいに、わたしたちの知性は、だれかほかの人間の知性の奴隷にならなければならないと仮定し〔こうしてかれが、自分はもちろんのこと、万人を模倣者に仕立てあげて、マリオ氏の場合にはそれを非難したくせに、自分の場合には讃美していますが、それはまあ見逃すとしましょう〕、天体の運動を考察するさいには、だれかの説に同意しなければならないと仮定したところで、」という記述は、この引用文に先行する、サルシ批判の記述（『偽金鑑識官』、五六‐五七ページ）に対応している。

ガリレオによって、自然哲学者・哲学者は、真の意味で主体的に哲学しなければならないという考えが確立された。ガリレオは、自然哲学・哲学をアリストテレス主義の束縛から解放し、そのことを通して、人々が真の意味で主体的に哲学する地平を拓いた。ガリレオは、哲学者であることに矜持を抱いていた。ただし、実際には、ガリレオは、狭義の哲学者としてではなく、自然哲学者として、己の使命を遂行した。ガリレオは、己を「哲学的天文学者」として意識している。(32)西洋近代哲学が中世・近世のスコラ学から大きな影響を受けていることは紛れもない事実であるが、我々は、自然哲学者ガリレオによって、アリストテレス主義ないしスコラ学のパラダイムとは本質的に異なった、西洋近代哲学に固有のパラダイムが構築されたことを確認した。ガリレオは稀代の天才自然哲学者であったが、本来的意味での形而上学者ではなかった。ガリレオによって創始された近代物理学の思考法を組み入れた、近代哲学的性格を備えた、自我の形而上学は、デカルト哲学において成立する。

第五節　ガリレオの潮汐論とケプラーの潮汐論

諸天体相互の間に引力が働いていることは、とりわけ地球と月との重力相互作用をイメージする場合に理解しやすい。潮の満干が月の位置に関係があることは、早くから経験的に認識されてきた。しかし、ガリレオが構築した潮汐論は、潮の満干は地球の運動性によって生じるという、満干と月の位置との関係性を度外視した潮汐論であった。ガリレオの自然哲学者としての威信によって、彼の潮汐論は、当時の多くの自然哲学者に受け入れられていたはずである。ガリレオの潮汐論それ自体の正当性は、いわゆる「第二次裁判」においても、批判的吟味の対象にされることはなかった。

ガリレオの時代には、天体相互間に《遠隔作用》としての引力が働いていることを想定することは、「隠れた性質」を想定することと同様に、合理的思考法を重んじる自然哲学者には、受け入れ難いことでもあった[33]。その意味では、ガリレオが、潮の満干が月の位置に関係があることに着目したケプラーの潮汐論を無視して、自分の潮汐論に固執し続けた理由も、理解できないわけではない。西洋近代哲学にも様々な類型の哲学が存在する。西洋近代哲学の本質を一義的に規定することは不可能であるが、少なくともガリレオの自然哲学研究、デカルトの哲学研究、カントの哲学研究において、合理的思考法が重要視されたことは、紛れもない事実である。あるいは、彼らの哲学研究によって、哲学における本格的な合理的思考法が確立されたと言うべきであるかもしれない。

岸本良彦氏は、同氏訳『宇宙の調和』の「解説」で、以下のように述べておられる。

○「ケプラーが『宇宙の神秘』で発見した重要なことがもうひとつ〔＝ケプラーが「正多面体による宇宙構造とは別に、音楽的調和に従った宇宙構造の着想も得た」ことの他にもうひとつ〕ある。惑星の公転周期は、古来かなりの精度で知られていた。太陽を中心にした場合、太陽から遠い惑星ほど、その周期は長くなる。しかし両者の単純な数的関係は見出せなかった。そこで彼は、公転周期が遅くなるのは太陽の中心からある種の力が放射されており、それが光のように距離に比例して弱くなるからではないか、と想定した。この力はまだ霊的なものとして把握されているが、『新天文学』では、磁石の力と同様の物理的なものと考えられるようになっていく。physica が自然学から物理学になっていく過程がここに認められる」（ヨハネス・ケプラー著、岸本良彦訳『宇宙の調和』（工作舎、二〇〇九年）、六〇六‐六〇七ページ）。

○「……なお、『新天文学』ではこの法則（＝「惑星は太陽をひとつの焦点とする楕円軌道を描く、という第1法則」）だけが注目されがちだが、ケプラーが天体運動の力として磁石の力と同様の物理的な力を想定し、「引力」に近い観念に到達していることも重要である。潮の干満の説明に、それがよく表れている」[34]（ヨハネス・ケプラー著、岸本良彦訳『宇宙の調和』、六〇七‐六〇八ページ）。

ケプラーは『宇宙の調和』で、潮の干満について、次のように述べている。「地球にすむ動物の呼吸、なかでも水を口で吸い込み鰓を通じて再び外に押し出して行われる、魚類の循環運動に最もよく似ているのは、半日ごとに起こる、大洋のあの不思議な潮の干満である。／この潮の干満は月の動きに合わせて起こる。実際、『火星注解』*序で言うとおり、物どうしが合体しようとする物体的な力によって、鉄が磁石に引きつけられるように、波が月に引きつけられるのは確実なように思われる。最近もダヴィッド・ファブリキウスの見解を検討した『新天体暦表』序説でそれを繰り返した。ただし、動物に昼夜の交代と同じ睡眠と覚醒の交代変化があるように、地球も呼吸を太陽と月の運動に合わせると主張する人がいたら、哲学ではその説に偏見なく耳を傾けるべきだと思う。特に、肺や鰓の役割を引き受けるような柔軟な部分が地球の奥深い所にあることを示す徴候が出てきたら、そうすべきである。そういう部分の自然な性質がわれわれの呼吸する空気と同様に収縮と膨張のできるものであれば、呼吸のために、人体にある横隔膜の筋肉の運動に類似した地表の運動が必要なくなるからである。／海水を鉱物の調理場ともいうべき内部へと受け入れるやり方としては、半日ごとに不断に満ち潮と引き潮とが激しく交代する海峡を通じて行うやり方が、最も適切だろう。交易商人がアントウェルペン〔アントワープ〕に殺到するのをやめる数年前のある日のこと、大洋の潮の干満がなくなった（それは市民をひどく怯えさせた）。その時のこの不思議なできごとから何が想像できるだろうか。月はその時も運行を止めていなかった。すなわち、地球は自然の運動に与ってはいるが、明らかに地球自身がこの循環運動の主宰者で、この地球があの日の1回の呼吸をこらえたのである。それは生き物が、横隔膜の運動に自然の運動も混じっていても、息をこらえるときがあるようなものである。／ただし、呼吸することから精神（「地球の精神」――引用者）の存在を証明するよりも、精神（「地球の精神」――引用者）の現存から地球に呼吸が必要なことを証明したほうが、はるかに適切である」（ヨハネス・ケプラー著、岸本良彦訳『宇宙の調和』、三七八－三七九ページ。〔 〕内は、訳書による）。

岸本良彦訳『宇宙の調和』の「訳注」には、右の段落の、私が＊を付した『火星注解』について、「『火星注解』とは、いわゆる『新天文学』のこと。潮の干満のことは、『新天文学』序に以下のような厳密な科学的説明が見える」（岸本良彦訳『宇宙の調和』、五七八ページ）という説明に続けて、『新天文学』の当該箇所が訳出・提示されている。それに続けて、岸本良彦氏は、その当該箇所について、次のように述べておられる。「これは、以下の本文（＝『宇宙の調和』の本文）の比喩を交えた古来の考えの延長線上にあるような説明の仕方とは対照的である。『新天文学』で物理学的な近代科学の世界に足を踏み入れたケプラーは、『宇宙の調和』では古代ギリシア・ローマの哲学とキリスト教に支えられたヨーロッパの伝統的な思考にこの『新天文学』の成果を取り入れて、文字どおりあらゆる思想文化の宇宙の統合、調和を試みている」（ヨハネス・ケプラー著、岸本良彦訳『宇宙の調和』、五七九ページ）。

先の段落に『宇宙の調和』から引用した、潮の干満についてのケプラーの論述においては、潮の干満が、動物の呼吸運動に類比されている。両者とも規則的な循環運動であるからである。そして、潮の干満が月の運行に連動していること、つまり潮の干満は月の引力によって生起することの指摘もなされている。しかし、ここでケプラーが提示しようとしているのは、「地球の精神」が一日に一回、大きな呼吸をしていて、それが潮の干満になって現象しているという考えである。ガリレオは傑出した科学者であったが、彼の彗星学説や潮汐論は、現代の我々から見れば、自然科学の学説としての妥当性を有しない、彼の独断的学説にすぎない。しかし、ガリレオは、合理的思考を重要視して、合理的思考に徹することに努めた。『宇宙の調和』においてケプラーが、彼が『新天文学』で達成した科学的潮汐論の地平から退却してしまったのは、彼の広範な学識、教養を基底にした、壮大な和声学的「宇宙の調和」論を展開することを企図し、それに全力を尽くしたことによる。ただし、ケプラーは、傑出した数学者・数学的天文学者であった。彼は、惑星軌道の三法則の発見者である。ケプラーが定式化した、惑星軌道の三法則は、ニュートンの、万有引力の逆二乗則の発見において決定的役割を果たした。ケプラーの惑星軌道の法則の第一法則、第二法則は『新天文学』において発表されているが、第三法則が発表されたのは、『宇宙の調和』においてである。『宇宙の調和』において、惑星軌道の第三法則が、次のように定式化されている。「2惑星の公転周期の比は、正確に平均距離つまり軌道そのものの比の2分の3乗になる」(以下、ヨハネス・ケプラー著、岸本良彦訳『宇宙の調和』、四二四ページ)。そして、その直ぐ後ろに、「ただし、楕円軌道の長径と短径の算術平均は長径よりいくらか小さいことに注意する必要がある」と書き添えられている。

注

(1) ここでガリレオが念頭に置いているのは、アリストテレス『生成消滅論』第一巻である。高橋憲一『ガリレオの迷宮—自然は数学の言語で書かれているか?—』(共立出版株式会社、二〇〇六年)、四四七ページ、一-二行目に引用されているガリレオの記述を参照されたい。

(2) ブルーノ著、清水純一訳『無限、宇宙および諸世界について』の、とりわけ二一三-二二三ページジを参照されたい。

（3）『天文対話』下巻、五八‐六〇ページ、参照。

（4）ここでは、シムプリチオの言い回しによる。シムプリチオは、サルヴィアチの語りを受けて、次のように言う。「すると君はウィリアム・ギルバートの磁石哲学に帰依している一人ですね」（『天文対話』下巻、一六八‐一六九ページ）。ウィリアム・ギルバートは、彼の著作『磁石について』（一六〇〇年）で、「磁石哲学」（磁気哲学）を提唱した。

（5）ガリレオの円慣性の法則について、ここでは『天文対話』における記述を引用する。『天文対話』の「第一日」で、ガリレオはサルヴィアチに、次のように語らせている。「……ですからある面が非常にわずかな傾きしかもっていないと、運動体はある速さの度合をうるために、まず非常に長い距離を非常に長い時間かかって運動しなければならなくなるということがいえましょう。そして運動体は地平面上では決して動かないでしょうから、いかなる速さも自然的には決して得られないでしょう。ところがこの下りもしなければ上りもしない地平線に沿っての運動こそ、中心の周りをまわる円運動なのです。ですから円運動というものは、これに先立つ直線運動がなければ決して自然的には得られないでしょう。しかしひとたび円運動が得られれば、永遠に斉一的な速さで継続するでしょう。云々」（『天文対話』上巻、四九ページ）。ただし、『天文対話』上巻、「訳註」の、四一六ページの「〔同訳書、四九頁〕永遠に斉一的な速さで云々」についての訳註の、「これは円運動に限られているが慣性法則の定式化に一歩進んだもの。この地平面、円が幾何学的平面になるには『新科学対話』をまたねばならぬ」という記述のとおり、ここでは円慣性の法則が完全な形で定式化されているわけではない。

（6）『天文対話』下巻、「訳註」の、二六七ページの「〔同訳書〕一九六頁　ある高位聖職者」についての訳註を参照。

（7）この引用文に先立って、ガリレオは、海の満干について、シムプリチオに次のように語らせている。「それからこれを月に関連させる人は多く、かれらは月が水の特殊な支配者だといっています」（『天文対話』下巻、一九六ページ）。シムプリチオのここでの語り（『天文対話』下巻、一九五‐一九六ページ）に即して考えると、少なくとも幾人かのアリストテレス主義の学者が、海の満干の原因として月の作用を想定していたことは、確かである。当該箇所の、本文で引用した、「ある高位聖職者」についてのシムプリチオの語りに続けて、ガリレオは、ジロラモ・ボロ『海の満干とナイル河の氾濫について』（一五八三年）を念頭に置いて、シムプリチオに次のように語らせている。「他のものは、君も知っておられると思いますが、月はその穏やかな熱で水を稀薄化することができ、稀薄化された水はもち上がるようになるといっています」（『天文対話』下巻、一九六ページ）。ジロラモ・ボロについては、ガリレオ・ガリレイ著、青木靖三訳『天文対話』下巻、「訳註」の、二六七ページの「〔同訳書、一九六頁〕月はその穏やかな熱で云々」についての訳註を参照。なお、ガリレオがジロラモ・ボロの満干論について記述した箇所には、「ジロラモ・ボロと他の逍遙学徒とは満干の原因を月の穏やかな熱に関連させている」（『天文対話』下巻、一九六ページ）という欄外見出しが付されている。

（8）青木靖三『ガリレオ・ガリレイ』、六〇ページ、参照。同書、五五‐六二ページに収録されている一六一〇年五月七日付のヴィンタ宛て書簡で、ガリレオは自分の自然学研究の小著作の一つとして、『海の満干について』という表題の著作を挙げている。

（9）青木靖三『ガリレオ・ガリレイ』、九〇－九一ページ、参照。なお、『天文対話』下巻、「訳註」の、二六六－二六七ページの「〔同訳書〕一九一頁　満干が地球の運動性を確証する」についての訳註をも参照されたい。同訳註においては、ガリレオの満干論に先行するチェザルピーノの潮汐論の発想についても、言及されている。

（10）高橋憲一訳・解説『コペルニクス・天球回転論』、二〇三－二〇四ページ、参照。

（11）『天文対話』の「第三日」で、ガリレオはサルヴィアチに、次のように語らせている。「……ぼくはいまの問題について何か他の例証によってぼくの探求した根拠が真実であるかどうか、すなわち磁石の実体が鉄や鋼のそれより実際連続性の乏しいものであるかどうかを確かめようとしました。そしてぼくは大公殿下の回廊で働いている親方に以前君〔＝サグレド〕のもっていたあの磁石の表面を平らにさせ、つぎにできるだけ磨き輝かせたのです。そしてぼくの求めていたことを実見して満足しました。というのは多くの斑点が見られ、これらは残りの部分とは色が異なり、何かもっと密で硬い石のように輝き光っていたのです。残りの部分は滑らかですが、触れたらそうであるだけで光ってはおらず、まるで霧のかかったように曇っていました。そしてこれが磁石の実体でした。輝いているのはそこに混じった他の石であることは、鉄のやすり屑にその平らにした面を近づけると、この屑はたくさん磁石にとびつきますが、上述の斑点には一かけらもとびつかないことからはっきりと知られました。これらの斑点は多くあります。あるものは爪の四分の一ほどの大きさですが、他のものはいくぶん小さく、小さなものは非常に多いです。やっと見えるようなのはほとんど無数でした。そこでぼくの考えが全く真実であることを確信しました。すなわち、ぼくはまず磁石の実体は固定した緊密なものではなく孔の多いもの、あるいはもっとうまくいえば海綿状のもの、と判断したのです。云々」（『天文対話』下巻、一八一－一八二ページ）。

(12) ガリレオは、ギルバートの記述に従って、そのように述べているのである。アレクサンドル・コイレ著、野沢協訳『コスモスの崩壊――閉ざされた世界から無限の宇宙へ』、三四八ページの第二段落を参照。その段落を含む、「原注」の、「第二章」の原注（四六）（同訳書、三四六－三四九ページ）から、私は多くの示唆を受けている。もちろん、この「原注」が付されている引用文、及びその引用文に先行する、コイレのギルバートについての論説からも、私は多くの教示を得ている。

(13) 「これら三つの運動」については、直前で次のように述べられている。「われわれは磁石にははっきりと自然的に三つの運動が適合しているのを知っています。第一は重いものとして大地の中心に向うものであり、第二はその軸を宇宙の一定部分に向け、そこで保つ水平の回転運動ですし、第三はギルバートが新たに発見したもので、ある子午線面上におかれるとその軸を大地の表面の方に傾け、そしてこの傾き方が赤道から遠いか近いかによって多く傾いたり少なく傾いたりし、赤道の下では大地の軸に平行であるというものです」（『天文対話』下巻、一八四－一八五ページ）。

(14) 『天文対話』下巻、一八八－一八九ページでのサルヴィアチの語りを参照されたい。

(15) 『天文対話』下巻、一八四ページでのサルヴィアチの語り、一八四－一八五ページでのサグレドの語り、及び、一六六－一六八ページでのサルヴィアチの語りを綜合的に判断して、私はこのように記述した。

(16) カント研究との連関において、引用文中の「共感」という用語が、カントの『感性界と叡知界の形式と原理について』の、実体の交互作用（commercium）に関する論において、"ideale et sympatheticum"（観念的で共感的）という形で使用されていることを付記しておく。「共感」という用語が自然哲学に起源するものであることに、留意しよう。

(17) 引用文中の「最高の著者」及び「最高の知性」がアリストテレスを指していることから窺われ得るように、ガリレオのアリストテレス批判の態勢は、既に『偽金鑑識官』において整えられているのである。

(18)「蒸気気体」という言葉は、『偽金鑑識官』、二〇〇-二〇二ページによる。なお、ガリレオの彗星学説については、青木靖三氏が、「ガリレオの彗星についての意見は、さきのアリストテレスとブラーエとの理論を、グラッシとは正反対の仕方で妥協させ、調停したものであった。つまりアリストテレスに従って、彗星は幻日や虹と同種の月より下の大気内での現象であり、大地から垂直に上昇した蒸発気が太陽光線を反射しているのだと考え、またブラーエに従って、回転運動はせず、直線運動をしていると考えたのである」（青木靖三『ガリレオ・ガリレイ』、九七ページ）と述べておられる。

(19) ガリレオが「メディチ星」の発見を強調するゆえんについては、青木靖三『ガリレオ・ガリレイ』の、8『星界の報告』の章における「メディチ星」の発見に関する記述（同書、五〇-五一ページ）、及び9「フィレンツェへ」の章に収録されている、ガリレオの、第四代トスカナ大公コジモ二世の首相のヴィンタ宛て書簡、とりわけ同書簡の初めの部分（同書、五五-五六ページ）をも参照されたい。

(20)『天文対話』の「第二日」には、「諸天体——円運動をすることが疑えずもっとも確実な——相互間にたしかにあると知られている秩序」（『天文対話』上巻、一八二ページ）という言葉が認められる。サルヴィアチの弁論の中の言葉である。したがって、この言葉は、ガリレオ自身の考え方を表現している。

(21) 土星は、当時、知られていた惑星のうちでは、太陽から、そして地球からも、最も遠方の惑星であった。

(22) 以下、青木靖三『ガリレオ・ガリレイ』、四二―四三ページ、ならびにヨハネス・ケプラー著、大槻真一郎・岸本良彦訳『宇宙の神秘』、三四六―三五〇ページ、参照。

(23) ガリレオは、「太陽黒点にかんする第二書簡」で、「ここについに、天空において当然もっとも純粋でまじりっけのないはずの部分――わたしは太陽そのものの表面をさしているのです――に、濃密な霧状の暗い物質の無数の塊りが、不断に生成し、短い時間で消滅しているのが発見されたのです。短い時間で終ってしまわない生成と消滅との循環が、そこにあります」（ガリレオ・ガリレイ著、山田慶児・谷泰訳『星界の報告　他一編』、一二七ページ）と記している。ガリレオにとっては、月面の望遠鏡観測によって得た成果よりも太陽の表面の望遠鏡観測によって得た成果の方が、月上界の天体と地球との異質性の考えを否定する観測事実として、優越するのである。

(24) 『天文対話』下巻、二八六ページ。

(25) 『天文対話』下巻、「訳註」の、二七一ページの「〔同訳書〕二五五頁　もっとも学識ありもっとも有名な……人によって教えられた……学説」についての訳註、及び幸田礼雅氏の、次の記述を参照。「……『天文対話』においてシンプリチオという愚か者役が出てくるが、それが潮の干満にかんして教皇の説をあくまで信じると頑固に言い張る部分がある。この男が論破され、事実上、抹殺されることにたいし、教皇自身が侮辱を感じて激怒したとされる。云々」（ジョルジュ・ミノワ著、幸田礼雅訳『ガリ

レオ　伝説を排した実像』（白水社、二〇一一年）、一一一ページ）。

(26)「この最後の海の満干の根拠」については、更に、サグレドの、次の語りを参照されたい。「さてわれわれはこの四日間の議論でコペルニクスの体系に好都合な偉大ないくつかの確証を得ました。そのうちの三つ、第一は諸惑星の留と逆行と、大地に接近したり隔離したりすることとから得られたものですし、第二は太陽そのものの回転とその黒点に観察されることとから得られたものですし、第三は海の満干から得られたものですが、これらはきわめて決定的であることが示されました」（『天文対話』下巻、二五二－二五三ページ）。

(27)　ここで、宇宙体系論史で使用される「数学的仮説」という言葉について解説しておく。『天文対話』の序言「読者諸賢へ」には、次のように記されている。「この目的のため、わたくしは議論のなかではコペルニクスの側に立ちました。そしてこれを純粋に数学的な仮説として取り扱い、これがよりすぐれたものであることを示すあらゆる人為的な途を求めました」（『天文対話』上巻、一五ページ）。コペルニクスの宇宙体系論を擁護するために、『天球回転論』の出版の任に当たったオジアンダーは、同書に無記名序文「読者へ　この著述の諸仮説について」（高橋憲一訳・解説『コペルニクス・天球回転論』、九－一〇ページ）を書き添えて、コペルニクスの地動説はあくまでも《数学的仮説》であり、《数学的仮説》以上のものでないことを述べている。それ以後、地動説の提唱を巡って、《数学的仮説》としてなら地動説が容認される、という考えが定着するのである。ただし、ガリレオの本意は、地動説を《数学的仮説》として提示することではなかった。右の引用文に続けて、ガリレオは、次のように記している。「よりすぐれたものといっても、大地の固定性よりもすぐれているという絶対的な意味ででではなく、若干の人びと、看板にそれをかかげている逍遙学徒の擁護するかぎりでの途よりもすぐれているという意味ですが。かれら逍遙学徒は、その名のみをとどめて逍遙することなく、影を称讃するだけで満足し、本来の注意深さをもって哲学せず、誤解した四原理の記憶のみをもって哲学しているのです」（『天文対話』上巻、一五ページ）。ここでガリレオは、『天文対話』において自分が論述した地動説が絶対的意味において天動説より優れていると主張するわけではない、と断わっている。しかし、ガリレオは、コペルニクスの地動説が、したがって自分の地動説が、逍遙学徒に優越するものであることを明言し、更に、逍遙学徒の哲学態度についての批判的見解を披瀝している。天動説と地動説との優劣に関して、プトレマイオスの天動説を無条件に支持してきた逍遙学徒の哲学に対する批判に踏み込むことは、天動説に対して絶対的異議を提起することに他ならなかった。『天文対話』の執筆・公刊において、ガリレオは、大きな冒険をしているのである。それは、ガリレオの科学者としての態度というよりも、彼の哲学者としての態度であった。ガリレオは、天動説を数学的に覆そうとしただけでなく、天動説の根幹にあるアリストテレス哲学を覆すことによって、天動説を哲学的に覆すことに挑んでいるのである。ただし、ガリレオは慎重に構えて、『天文対話』の序言「読者諸賢へ」で、次のように述べている。冒頭部分での記述である。「過ぐる年〔すなわち、一六一六年〕、ローマで教皇の〔コペルニクスの地動説の取り締まりの〕布告が出されました。これは現時の危険な騒ぎを押し止めるためのもので、大地の運動性についてのピタゴラス学派の意見に沈黙を命じた時宜にかなったものでした。（略）わたくしはそのきわめて慎重に下された決定を十分に心得ていましたから、真正の真理の証人として世界の舞台に公けに立ち現われようと決心しました」（『天文対話』上巻、一四ページ）。ローマ教皇庁は、一六一六年、ガリレオの「第一次裁判」の判決の直後、カルメル会神父フォスカリーニの『地球の運動と太陽の静止に関するピュタゴラス派とコペルニクスの見解について』、および新しいピュタゴラス的な宇宙体系』（一六一五年）を禁書目録に挙げ、最も厳しい、全面禁止処分に処した（高橋憲一訳・解説『コペルニクス・天球回転論』、二一九ページを参照）。コペルニクスの『天球回転論』は、禁書目録に挙げられても、全面禁止処分に処されることを免れた。『天球回転論』の巻頭に付せられたオジアンダーの無記名序文に即して考えれば、コペルニクスの地動説は単なる《数学的仮説》として提唱されたものにすぎない。したがって、ピュタゴラス学派の地動説とコペルニクスの地動説とは、同様に地動説ではあっても、本質的に性格を異にする。それゆえガリレオは、『天文対話』の序言「読者諸賢へ」において、「これは（略）大地の運動性についてのピタゴラス学派の意見に沈黙を命じた時宜にかなったものでした」、「この目的のため、わたくしは議論のなかではコペルニクスの側に立ちました。そしてこれを純粋に数学的な仮説として取り扱い、これがよりすぐれたものであることを示すあらゆる人為的な途を求めました」と述べ、「第一次裁判」の経緯をも念頭に置いて、「さらにまたわれわれが大地の固定性をやはりもう一度主張し、その反対を単に数学上の気まぐれと考えることになるとしても」という表現を用いて、『天文対話』におけるコペルニクス学説を支持する自分の議論が「過ぐる年、ローマで〔出された〕教皇の布告」に悖るものでないことを、説明することに努めているのである。

(28)　ガリレオがウルバヌス八世から当初ガリレオが念頭に置いていた『海の満干についての対話』という表題を『天文対話』という表題に変更するよう勧告されたことについては、青木靖三『ガリレオ・ガリレイ』、一二五‐一二六ページをも参照されたい。ただし、青木靖三『ガリレオ・ガリレイ』、同上ページでは、その点についてはガリレオの著作に即して確認することが不可能であることも、指摘されている。

(29) この献辞は、第五代トスカナ大公フェルディナンド二世への献辞である。

(30) 例えば、『天文対話』下巻、一二五 - 一二六ページの、サグレドの語りを見られたい。

(31) 『天文対話』下巻、「訳註」の、二六六 - 二六七ページの「[同訳書] 一九一頁 満干が地球の運動性を確証する」についての訳註、及び青木靖三『ガリレオ・ガリレイ』、九〇 - 九一ページを参照。青木靖三『ガリレオ・ガリレイ』、同上ページには、ガリレオの潮汐論は、オルシニ枢機卿に献じた書簡論文『海の満干についての議論』に先行して出来上っていたであろうこと、そして、オルシニが枢機卿に就任した機会を捉えて、ガリレオがオルシニ枢機卿宛てのその書簡論文で自分の潮汐論を初めて公表したのであろうことが指摘されている。ガリレオは、早くから、彼の潮汐論によって地動説の正当性が決定的に論証されること、したがって彼の潮汐論によって天動説が覆らされることを確信していたはずである。

(32) 『天文対話』下巻、一〇四ページを参照されたい。

(33) 現代の素粒子物理学においては、重力は重力子（graviton）による素粒子間・物体間の相互作用であることが理論的に解明されている。したがって、天体相互間に働いている引力についても、それを遠隔作用とする考えは排除されている。

(34) 『新天文学』の「潮の干満の説明」の当該箇所は、ヨハネス・ケプラー著、岸本良彦訳『宇宙の調和』の「訳注」に訳出されている。同訳書、五七八 - 五七九ページを見られたい。

付記　本章において引用文献として使用させていただいた中公クラシックス版のガリレオ著、山田慶児・谷泰訳『偽金鑑識官』については、同訳書の「凡例」に訳出の分担箇所が記されている。本書での引用箇所に関しては、同訳書の、三−七ページは谷泰氏が、八−二二二ページは山田慶児氏が、二二二−四一八ページは谷泰氏が訳出を担当しておられる。

第三章　デカルトの宇宙論における近代哲学の成立

第一節　デカルトと地動説

『方法序説』、第五部、第一段落は、次のような記述で書き始められている。「このまま話をつづけ、以上のような最初に見つけたいくつかの真理から演繹したほかの真理の鎖をここでそっくりお見せしたら、私はどんなにうれしいでしょう。しかし、このもくろみを実際にやり遂げようとすると、いくつもの問題を話すことがいま必要になってくるでしょうが、それらの問題は学者たちのあいだで論争中で、私は学者たちと仲たがいはしたくないので、そういうわけで私は、このもくろみはさしひかえ、(1)そうした真理がどんなものなのかをただ全般にわたってざっと言うほうがいいだろうと思います。一般の人がもっと個々にくわしく知らされるのが役に立つかどうか、もっと賢明な人たちに判断してもらうためです。私は神の存在と魂の存在を論証するのにいま使ったばかりの原理のほかにはどんな原理も想定しないという決意をかため、またむかし〈幾何学者〉の論証がはっきりして確かだと思われた以上にはっきりして確かだと私に思われないものは何ひとつほんとうのものとして受け入れないという決意をかためていましたが、その決意を私はいつもしっかりと持ちつづけてきました」（三宅徳嘉・小池健男訳『方法序説』。『増補版　デカルト著作集』1、四六ページ。AT VI, 40‐41）。続けて同段落の後半部で、デカルトは、自分が《自然学》において極めて重要な成果を収めていることに言及し、段落を改めて、次のように述べている。「しかしある〈論文〉〔＝『宇宙論　または光についての論稿』〕のなかでその主だったものを説明しようとつとめましたので、いくつかのことを考慮して発表できないでいるのですが、その主だったものを知っていただくためにはその論文の内容をここでかいつまんで述べるのがいちばんいいでしょう。云々」（『増補版　デカルト著作集』1、四七ページ。AT VI, 41）。そして、『方法序説』、第六部、第一段落の冒頭には、次のように記されている。「ところでいまから三年まえになりますが、私はこれらのことをみなふくむ論文を書きあげて、印刷屋の手に渡すために、見なおしはじめていましたが、そのときつぎのようなことを知ったのです。つまり私が敬服するかたがたで、私自身の理性が私の考えに力を及ぼすのにほとんど劣らず、私の行動に力を及ぼす権威を持つ人たちが、ほかのある人によって少しまえに発表された〈自然学〉の意見〔＝地動説〕を否認したということです。私は自分も同じ意見だなどと言うつもりはありませんが、ただつぎのことは言っておきたいのです。つまり私は〈宗教〉にも〈国家〉にも有害だと想像できるような点も、したがって、もし理性によって私が納得したならば、その意見を書く妨げになるような点も、その人たちの検閲まえには、何ひとつそこに気がつきませんでしたし、またそんなわけで私のいろいろな意見のなかにもやはり、自分が何か勘ちがいをしたばあいがありはしなかったと心配になったのです。私はひじょうに確かな論証が持てなければ新しい意見はひとつも信じこまないように、まただれかの不利益になるおそれのある意見は書かないように、いつも細心の注意をはらってきたにもかかわらず、おそれたのです。このことだけでも、私は自分の意見を公表しようとしてきた決意を変えないわけにはいきませんでした。云々」（『増補版　デカルト著作集』1、六一ページ。AT VI, 60）。『方法序説』の第五部の冒頭部、及び第六部の冒頭部から右に引用した記述が、ガリレオの「第二次裁判」を念頭において書かれたものであることは、言うまでもない。ガリレオの「第二次裁判」のニュースは、やがて、当時デカルトが住んでいた新教国オランダにも伝わった。デカルトは慎重に構えて、『宇宙論　または光についての論稿』の公表を差し控えたのである。デカルトは、自分が地動説を採っていることを公言することを極力、制止している。ただし、デカルトは、「その主だったものを知っていただくためにはその論文〔＝『宇宙論　または光についての論稿』（『人間論』を含む）〕の内容をここでかいつまんで述べるのがいちばんいいでしょう」と述べて、『方法序説』第五部を、彼の宇宙論と人間論の概要の叙述に充てている。デカルトの宇宙論は、渦動宇宙論と性格づけられている。『方法序説』、第五部、第二段落において、デカルトは彼の渦動宇宙論の概要を述べている。デカルトの渦動宇宙論は、彼の地動説と双対関係にある。デカルトの宇宙論の基幹は、彼の地動説である。『方法序説』においては、既に、物体を延長実体とする考えが確定しており、アリストテレスの形相概念はデカルトの物質観から完全に排除されている。既に『方法序説』において、天体の物質元素と地球上の物体の物質元素の異質性との考えは、完全に覆されている。

デカルトは『方法序説』において彼の宇宙論の概要を叙述する際、地動説に直接的に言及することを制止しているけれども、それはガリレオの「第二次裁判」の判決結果を念頭に置いてのことであって、デカルトにとって地動説の正当性は、自然哲学的のみならず、形而上学的にも自明の事柄であった。

私はここで、デカルトは『宇宙論　または光についての論稿』においても、自分が地動説を採っていることが漏洩するのを抑止しようとしている点を指摘しておきたい。デカルトの『宇宙論　または光についての論稿』、第六章「新しい宇宙の記述、およびそれを構成する物質の性質について」（野沢協・中野重伸訳『宇宙論　または光についての論稿』。『増補版　デカルト著作集』4、一五三–一五六ページ）の冒頭の段落には、次のように記されている。「そこでしばらくの間、あなたがたの心をこの宇宙の外に置き、私が想像上の空間に生まれさせる別のまったく新しい宇宙をごらんいただきたい。哲学者たちは私たちに、こういう空間は無限にあると言っている。この点では彼らの言うことを信用しなければならない。なぜなら、それをつくりだしたのは彼ら自身なのだから。しかし、この無限性が私たちを邪魔したり足手まといになったりしないように、宇宙の果てまで行こうとはするまい。ただ、五、六千年前に神のつくられたすべての被造物が見えなくなるほどその中へ進み入ろう。そのあたりのどこか一定の場所に立ち止まったのちに、私たちの想像力のおよびうるいかなる方向にももはや空虚な場所がなんら知覚されないほど多くの物質を、神が私たちのまわり中に新しく創造されると仮定しよう」（『増補版　デカルト著作集』4、一五三ページ。AT XI, 31‐32）。「新しい宇宙」という言い回しは、「この新しい宇宙」という表現形式で、同『宇宙論』の第七章、第八章、第十五章の標題中にも使用されている。右の引用文中にいう「想像上の空間」については、この言葉に施された訳注で、「スコラ的な概念」であることが指摘され、「スコラ的な概念」としての「想像上の空間」についての記述に続けて、「想像上の空間」が「「架空の空間」という意味ではない」ことが指摘されている（野沢協・中野重伸訳『宇宙論　または光についての論稿』、「訳注」。『増補版　デカルト著作集』4、二一八ページ）。

『方法序説』、第五部の第二段落においても、「想像上の空間」という言葉が使用されている。デカルトは、次のように記している。「……しかも、これらのものをぜんぶ少し陰にしておき、自分がそれをどう判断しているかをいっそう自由に言うことができて、学者たちのあいだで受け入れられている意見に余儀なく従ったりそれを論破したりするはめに追い込まれないように、私はこの〈現世界〉はそっくり学者たちの討論にまかせておき、自分はただ新しい世界で起こるはずのことだけを話そうと決心しました。もし神がいまどこか〈想像上の空間〉に、新しい世界を合成するのにじゅうぶんな物質を創造し、その物質のいろいろな部分をいろいろに秩序なく揺り動かしたあげく、〈詩人〉の思いつきかねないほど混沌とした〈カオス〉を合成し、そしてあとはただ〈自然〉に対して通常の協力をする以外、神自身が打ち立てた〈法則〉に従って自然を動くのにまかせる以外のことはしなかったとしての話です。云々」（『増補版　デカルト著作集』1、四七-四八ページ。AT VI, 42）。デカルトは、惑星天球はもちろん、恒星天球をも、実在的なものとは受け止めていないはずである。デカルトは、スコラ学的宇宙論の「想像上の空間」は、恒星天球を超越した場所に想定された空間である。その「想像上の空間」は、恒星天球の実在性を前提とする空間概念である。デカルトは、そのような「想像上の空間」の概念を用いて自分の宇宙論を描出することを実際に目論んだわけではない。デカルトが『宇宙論』において、「想像上の空間」の概念を用いて、地動説を論拠づけるために案出した渦動宇宙論を、「この宇宙」のメカニズム論としてではなく、あくまでも「新しい宇宙」——「想像上の空間」における「新しい宇宙」——のメカニズム論として展開しているのは、自分が地動説論者であることを隠蔽するための方策であったはずである。

デカルトの渦動宇宙論は、地動説の正当性を前提とし、地動説を論拠づけるために編み出された、宇宙の構成物質の渦動運動の学説である。そして、デカルトの渦動宇宙論は、彼の円環運動論（theory of circular motion）に基づいて展開されている。デカルトの渦動宇宙論においては、宇宙空間における一切の渦動運動が、宇宙を構成している物質・物体の円環運動として把握されている。惑星の運行も、恒星を取り巻く物質・物体の渦動による円環運動として把握されている。円環運動論を基軸にした渦動宇宙論によって地動説を力学的に基礎づけることを企図するデカルトの地動説は、ガリレオの地動説とも、ケプラーの地動説とも、力学的には同等でない。それは、あくまでも、デカルトの「自然学」（自然哲学）の一環としての地動説であったのである。

第二節　デカルトの円環運動論

デカルトは、彼が『宇宙論　または光についての論稿』で叙述した、渦動運動論に基づく地動説の考えを、『哲学原理』、第三部において、渦動宇宙論によって基礎づけることを再度、試みるに至る。デカルトの地動説の考えそれ自体について論述することは、本書の課題ではない。ここでは、『宇宙論　または光についての論稿』、第四章「真空について、また、私たちの感覚がある種の物体を知覚しないのはなぜかについて」（『増補版　デカルト著作集』4、一四二－一四六ページ）における、次のような記述に注目したい。物体の運動には空虚な空間が必要であり、また物体の運動によって空虚な空間が生じるとする考えを否定する、デカルトの円環運動の考えが提示されている記述である。「しかしあなたがたはここで、きわめて重要な困難を私に提示するかもしれない。すなわち、流動体を構成する諸部分は、もしそれらの部分の間に空虚な空間がないなら、少なくともそれらが動くにつれてそこから離れ去る場所の中に空虚な空間がないならば、私が述べたように不断に動くことはできないと思われる、ということである。それに対しては、もし私がさまざまな経験によって次のことを認めていなかったなら、答えることはむつかしかっただろう。それは、宇宙に起こるすべての運動はなんらかの仕方で円環的であること、すなわちある物体がその場所を離れるときには常に他の物体の場所に入り、この物体は別の物体の場所に入り、このようにして最後までつづき、この最後の物体が最初の物体の去った場所を同じ瞬間に占めるのだということ、したがって、それらが動くときでも、動いていないときより以上にそれらの間に真空があるわけではないということである。またそのためには、いっしょに動く物体のすべての部分がまるで真の円を描くように正確に円環状に配置されている必要はないし、それらが同じような大きさと形を持つ必要すらないということに、ここで注意していただきたい。なぜなら、大きさと形のちがいは、諸部分の速さの間にある他のちがいによって容易に相殺されうるからである」（『増補版　デカルト著作集』4、一四三－一四四ページ。AT XI, 18－19）。

アレクサンドル・コイレ著、野沢協訳『コスモスの崩壊――閉ざされた世界から無限の宇宙へ』には、「星の組成についてもおなじである。*これも純科学的な事実問題になった。変化、衰亡の舞台たる地上界と不変の天上界という古くからの対比――前述のとおり、これはコペルニクス革命でもなくならず、太陽や惑星の動く世界と動かない恒星との対比という形で残っていた――は今や跡かたもなく消えうせた。宇宙の中味も法則も単一・一様なこと――「天空の物質と地上の物質とが同じ一つのものであること、また多数の世界がありえないこと」（邦訳、同〔＝三輪正・本多英太郎共訳『哲学原理』。白水社刊『デカルト著作集』、第三巻〕九三頁）――は自明の事実になった、少なくとも「世界」という語をギリシアや中世の伝統に従い完全で自己中心的な全体という十全な意味にとるならば。世界は、相互にまったく切り離されたこういう全体がばらばらにたくさんあるものではなく、まさに一つの統一体であって、その内部に――ちょうどジョルダーノ・ブルーノの宇宙のように（デカルトがブルーノの用語を使わないのは残念だが）――太陽と惑星のあるこのシステム〔太陽系〕のような下位のシステムが互いに関係しながら無数に存在する。各システムはどこでも同一な物質の広大な渦巻＊＊で、果てしない空間のなかで互いに結びつき互いに限界を画しあう」（アレクサンドル・コイレ著、野沢協訳『コスモスの崩壊――閉ざされた世界から無限の宇宙へ』、一三二―一三三ページ。「太陽と惑星のあるこのシステム〔太陽系〕」の〔　〕内は、訳書による）という、デカルトの宇宙論が提示した渦動宇宙に関する誠に的確な論述がなされている。（ちなみに、私が＊を付した文章の直前の段落には、次のように記されている。「恒星は大きいか小さいか、遠いか近いかなどという問題は、もう議論の必要はなくなった。正確に言えば、これは事実問題、天文学と観測技術と計算の問題にすぎなくなった。遠かろうが近かろうが、恒星はわれわれ自身とおなじく、またわれわれの太陽とおなじく、果てしなく続く他の星々のあいだにあるにきまっている以上、この問題には形而上学的な意味はなくなったのだ」（アレクサンドル・コイレ著、野沢協訳、同上書、一三二ページ）。なお、野沢協氏は、私が＊＊を付した箇所に訳注を施し、「デカルトの渦動説は特に『宇宙論』の第四章、『哲学原理』の第二部三十三―三十五節、同第三部六十五節以下などで述べられているが、ここでは『宇宙論』の文章を参考までにかかげる」

（アレクサンドル・コイレ著、野沢協訳、同上書、一三九ページ）と断わって、私が右に引用したのと同一の、『宇宙論』の段落を引用しておられる。）

なお、デカルトの円環運動論が提示されているのは、『宇宙論　または光についての論稿』、第四章「真空について、また、私たちの感覚がある種の物体を知覚しないのはなぜかについて」（『増補版　デカルト著作集』4、一四二‐一四六ページ）においてである。デカルトが円環運動論を基軸とする渦動宇宙論によって基礎づけようとしたのは、もちろん地動説である。それは、「天球の回転」を念頭に置くコペルニクスの地動説ではなくて、惑星の運行の原因を、宇宙空間を占める物質の渦動によるものとして説明しようとするデカルト自身の地動説であった。なお、『宇宙論　または光についての論稿』、第十一章「重力について」（『増補版　デカルト著作集』4、一八三‐一八八ページ）においてデカルトが提示している重力理論[2]も、重力の原因を地球の中心を取り巻いている物質の渦動によるものとして説明しようとする理論である点においては渦動宇宙論と一体のものであるが、デカルトにおいては重力を惑星の運行に結び付ける発想は萌していなかった[3]。

さて、『宇宙論　または光についての論稿』、第四章からの前引の、円環運動についての記述は、段落を改めて、次のように続く。「さて、それらの物体が空中で動くときには、私たちは普通こういう円環運動に気づかない。それは、私たちが空気を空虚な空間とのみ考えることに慣れているからである。しかし、泉水の中に魚が泳いでいるのを見ていただきたい。魚は、水面に近づきすぎないかぎり、水面の下で非常に速く動いているのに水面を少しも振動させないだろう。このことから、魚が前方へ押す水は池の水全体を無差別に押すのではなく、魚の運動の円環を完成するのに役立ち魚の去った場所に戻ることのできる水だけを押すのであることは明らかである。そしてこの経験は、これらの円環運動が自然にとってはどれほど容易でありふれているかを示すのに十分である」（『増補版　デカルト著作集』4、一四四ページ。AT XI, 19-20）。デカルトによれば、「魚が前方へ押す水は池の水全体を無差別に押すのではなく、魚の運動の円環を完成するのに役立ち魚の去った場所に戻ることのできる水だけを押すのである」。したがって、デカルトによれば、空中での物体の円環運動も、水中での物体（魚）の円環運動も、物体が運動によって押しのけた流体が、押しのけられた流体が在った場所に移動することによって、連続的な円環運動が継続するのである。

『宇宙論　または光についての論稿』、第四章から右に引用した、円環運動についての記述は、段落を改めて、更に次のように続く。「しかし、円環的でないような運動はけっして生じないことを示すために、次に別の例を持ち出してみよう。樽の中の葡萄酒が、その上部が完全に閉ざされているために下の穴から流れ出さないとき、普通言われるように真空への恐れなどというのは適切な言い方ではない。この葡萄酒がなにものかを恐れるような精神を持たないことは周知のことであるし、かりにそれを持つとしても、どのような場合に葡萄酒の精神は実際には空想にすぎないこの真空を恐れることができるのか、私にはわからないのである。むしろ、次のように言わねばならない。この樽から葡萄酒が流出できないのは、外はどこも可能なかぎり満たされており、葡萄酒が流れ落ちたときにそれの場所を占めることになる空気の部分は、もし樽の上部に穴があけられ、この空気が円環を描いて昇りそこを通って自分の場所に至りえないなら、宇宙の残りのどこにも身を置くべき他の場所を見いだすことができないからである」(『増補版　デカルト著作集』4、一四四ページ。AT XI, 20)。デカルトによれば、「樽の中の葡萄酒が、その上部が完全に閉ざされているために下の穴から流れ出さない」のは、樽の中の上部に、「葡萄酒が流れ落ちたときにそれの場所を占めることになる空気の部分」が「身を置くべき」場所がないからである。樽の上部に穴があけられれば、その穴を通って空気が樽の中の上部に流入して、樽の下部の穴からの葡萄酒の流出が始まる。したがって、「円環的でないような運動はけっして生じない」、とデカルトは言うのである。なお、その場合、「運動」という言葉で観念されているのは、《渦動運動》のことである。

付言すれば、右の段落に引用した記述には、否定的意味合いにおいてであるが、「真空への恐れ」という言葉が記されている。アリストテレスの自然学に由来する、「自然は真空を嫌う」という考えが、デカルトの時代の自然哲学をも支配していた。ガリレオも、「自然は真空を嫌う」という考えを持っていた[4]。デカルトの場合には、事情が異なる。デカルトの円環運動論は、「自然は真空を嫌う」がゆえに、自然は《真空が生じないように》運動体を運動させる、という考えを排除するはずである[*]。そして、デカルトにおいては、真空の存在は完全に否定されている。『哲学原理』、第二部「物質的事物の諸原理について」、第一六節で、デカルトは、次のように述べている。「ところで哲学的な意味での空虚、すなわちその中にいかなる実体も存在しない空虚、がありえないことは、空間の延長あるいは内的場所の延長がとりも直さず物体の延長である、ということから明らかである。なぜなら、物体が長さ、幅、深さにおける延長であるということだけから、無が延長を持つことは矛盾しているので、その物体が実体であることが正しく結論されるが、同じことが空虚と思われている空間についても言えるからである。すなわち、その空間に延長がある以上、そこに実体が必然的にあるからである」（三輪正・本多英太郎訳『哲学原理』。『増補版　デカルト著作集』3、九〇ページ。AT Ⅷ-1, 49）。デカルトの自然哲学においては、真空の存在が完全に否定されているのであるから、「真空への恐れ」が運動体の運動を生じさせるという考えは、完全に排除されているのである。

右の段落の、私が＊を付した箇所に関連して、補足解説をしておこう。『科学史技術史事典』の吉仲正和氏執筆「アンティペリスタシス」の項目（同書、三七－三八ページ）には、次のように記されている。「……投射体には一見そうした運動力（＝働き続ける運動力）は見当たらない。そこでプラトンが『ティマイオス』で、投射体の運動の持続の理由を説明するために与えたのがこの説である。投射体は投射される瞬間にその前面の空気を圧縮し、これが次に投射体の背後にまわりこんで、投射体を押すというふうにして渦巻くというのである。アリストテレスは投射体の運動について『自然学』や『天体論』でプラトンを批判しながら自分の解決法について論じている。アリストテレスは動者がこれに接触している空気に「動者となる力」を伝え、これがその衝撃を隣りの空気の層に伝えるというふうにして、次々と伝えられていって、ついにその力が消滅してしまうまで投射体の運動が持続すると唱えた。そして真空中では、この運動を伝える空気が見出されないから運動は生じないとした。云々」。（右の引用文中の、引用者が「云々」と記した箇所における、フィロポノスの学説及びビュリダンの学説についての言及をも参照されたい。）我々は右の引用文によって、アンティペリスタシス（antiperistasis）についての、プラトンの学説及びアリストテレスの学説を明確に把握することができる。デカルトの円環運動論には、アンティペリスタシスの学説が組み合わされている。ただし、アリストテレスのアンティペリスタシスの学説は、「自然は真空を嫌う」という彼の考えに支えられて成立している。[5]「真空への恐れ」を投射体の運動の原因とする考えは、デカルトにおいては排除される。また、ガリレオによって放物線運動であることが解明された投射体の運動から円環運動を導くことは、デカルトにとって不可能である。そして、デカルトが想定している円環運動は、渦動運動としての円環運動であって、投射体の運動ではない。それにもかかわらず、『宇宙論　または光についての論稿』におけるデカルトの円環運動論には、投射体の運動に関するアンティペリスタシスの学説と古代ギリシア哲学以来の伝統的な天界の一様円運動説との著しい影響が認められる。少なくとも『宇宙論　または光についての論稿』執筆の時点においては、デカルトは、渦動運動としての天体の運行が円環運動になるのは当然のことと考えていたはずである。したがって、その時点においては、彼は、渦動運動としての天体の運行が円環運動になる理由を説明することは必要ないと考えていたはずである。(なお、投射体の運動に関して、私は更に、『科学史技術史事典』の、横山雅彦氏執筆「アリストテレスの運動法則」、大網功氏執筆「インドの運動論」、高橋憲一氏執筆「インペトゥス理論」、吉仲正和氏執筆「運動論」、横山雅彦氏執筆「中世の運動論」、高橋憲一氏執筆「落体と投射体」を始めとする諸項目を参照している。)

ここで、『宇宙論　または光についての論稿』における自然法則の定式化との連関において、デカルトの円環運動の考えについて、更に若干コメントしておこう。『宇宙論　または光についての論稿』、第七章「この新しい宇宙の自然の諸法則について」(6)(『増補版　デカルト著作集』4、一五七－一六五ページ)においては、それらの自然法則は、次のように定式化されている。なお、そこでは、「規則」は、「法則」と等意の言葉として用いられている。

○「第一の規則は、物質の個々の部分は他の部分に出会ってその状態を変えるように強制されないかぎり、いつまでも同じ状態を保つということである。云々」(『増補版　デカルト著作集』4、一五八ページ。AT XI, 38)。

○「私は第二の規則として、ある物体が他の物体を押すとき、その物体が同時に自己の運動を同じだけ失うのでないかぎり、どのような運動をも他の物体に与えることはできないし、また自己の運動が同じだけ増加しないかぎり、他の物体の運動を奪うこともできないと仮定する。云々」(『増補版　デカルト著作集』4、一六〇ページ。AT XI, 41)。

○「私は第三の規則として次のことをつけ加えたい。すなわち、物体が運動するとき、その運動は多くの場合曲線を描き、先に述べたようになんらかの仕方で円環をなさないような運動はけっして起こりえないけれども、しかし、その物体の個々の部分はみないつも直線状に運動をつづけようとする、ということである。したがって、それらの部分のはたらき、つまり運動しようとする傾向は、それらの運動とは異なっている。」（『増補版　デカルト著作集』4、一六二ページ。AT XI, 43 - 44）。

　ここにおいて、『哲学原理』、第二部の、第三七節で定式化されている「自然の第一法則」、第三九節で定式化されている「自然の第二法則」、第四〇節で定式化されている「自然の第三法則」が、先駆的に定式化されている。『宇宙論　または光についての論稿』において定式化されている「第一の規則」と「第三の規則」とを綜合すれば、運動物体は、外的作用を受けない限り、等速直線運動を継続するという、慣性の法則が成立する。デカルトは、慣性運動が等速直線運動になることを、明確に把握している。ただし、その「第三の規則」の、「物体が運動するとき、その運動は多くの場合曲線を描き、（略）なんらかの仕方で円環をなさないような運動はけっして起こりえないけれども」という記述の仕方を見ると、『宇宙論　または光についての論稿』においては、デカルトは、依然、円環運動の考えに束縛されていたことが分かる。ただし、『宇宙論』の執筆におけるデカルトの根本的な意図は、自らが編み出した渦動宇宙論を体系的に論述することであったはずである。したがって、デカルトが円環運動の考えに固執しているのは、もっとものことであった。『哲学原理』においても、デカルトは、『宇宙論　または光についての論稿』

において論述した円環運動論を、確信を持って叙述している。『哲学原理』、第二部、第三三節におけるデカルトの記述を引用しよう。「さてさきに注意したこと、すなわちあらゆる場所は物体で満たされており、同一の物質部分は常に同じ大きさの場所に対応していることから、いかなる物体も円環的にでなければ動かされえないことが結論される。たとえば、何らかの物体が他の物体を押し出してその場所に代わりに入りこむと、押し出された物体は別の物体を押し出してそれに取って代わり、またこの物体は他のものを押し出し、こうして順次に最後のものにまで行くが、この最後のものははじめの物体によって放棄された場所へ、それが放棄されたその瞬間に入りこむのである。このことは完全な円環の場合を考えれば容易に理解される。云々」(『増補版　デカルト著作集』3、九九－一〇〇ページ。AT Ⅷ-1, 58－59)。

この円環運動論＝渦動運動説こそが渦動宇宙論を支える可能性を具有する運動論であることをデカルトは明確に認識しているが、右に引用した記述それ自体には、そのことは言い表されていない。デカルトの円環運動論は、彼が真空の存在を認めていないこと[*]、物質の重さ、流体の圧力（大気圧を含む）を考慮に入れていないこともあって、現代の我々にとっては物理学理論としての意味は有していないけれども、彼の渦動宇宙論を支える主柱であった点において、西洋近代哲学史研究においては看過することのできない学説である。なお、渦動宇宙論では、恒星天球、惑星天球を含めて天球の存在は、当然のことながら否定されることになる。その点においても、渦動宇宙論は、宇宙論史的・思想史的に注目すべき意義を有する。(私が＊を付した箇所について付言すれば、デカルトは真空の存在を認めていないがゆえに、慣性運動が等速直線運動になることを確言するのに苦慮したはずである。彼が一方で、依然として円環運動の理論に固執している一因はそのような点に存すると、私には思われる。）

望遠鏡を用いてのガリレオの天体観測によって、月上界の天体と地球とが全く異質の物質元素で構成されているとするアリストテレス主義の宇宙論は、根本的変革を余儀なくされるに至った。そして、デカルトの形而上学によって、一切の物体（物質）は延長実体として均質の物体（物質）であることが、強調された。その物体（物質）の概念を宇宙に適用して、デカルトは『哲学原理』、第二部、第二二節で、次のように述べている。「以上からして、天空の物質が地上のそれとは別種のものではないこと、もし世界が無数にあるとしても、それらは同じ一つの物質から成り立つほかないこと、したがって多数の世界ではなく、ただ一つの世界しかありえないことが容易に結論されうる。なぜなら、物質の本性はただ延長的実体であることにのみ存しているが、かような物質が想像可能なありとあらゆる空間、上の多数の空間もその中にあるはずの空間をすでに占めていることは明白に知られることであり、また、他のいかなる物質の観念もわれわれの内に見いだされないからである」（『増補版　デカルト著作集』３、九三ページ。AT Ⅷ-1, 52）。

我々はこの記述において、デカルトが延長実体の概念を確立することによって、旧い天体観・宇宙観を完全に乗り越えていることを、明確に把握することができる。

第三節　デカルトの円環運動論についてのコメント

デカルトの円環運動論について若干コメントしておこう。『宇宙論　または光についての論稿』における円環運動についての記述と『哲学原理』における円環運動についての記述から、円環運動が円環運動となる理由が説明されている箇所を、再度引用しよう。前者においては、次のように説明されている。「それは、宇宙に起こるすべての運動はなんらかの仕方で円環的であること、すなわちある物体がその場所を離れるときには常に他の物体の場所に入り、この物体は別の物体の場所に入り、このようにして最後までつづき、この最後の物体が最初の物体の去った場所を同じ瞬間に占めるのだということ、したがって、それらが動くときでも、動いていないときより以上にそれらの間に真空があるわけではないということである」（『増補版　デカルト著作集』4、一四三ページ。圏点――引用者）。後者においては、次のように説明されている。「たとえば、何らかの物体が他の物体を押し出してその場所に代わりに入りこむと、押し出された物体は別の物体を押し出してそれに取って代わり、またこの物体は他のものを押し出し、こうして順次に最後のものにまで行くが、この最後のものははじめの物体によって放棄された場所へ、それが放棄されたその瞬間に入りこむのである。このことは完全な円環の場合を考えれば容易に理解される」（『増補版　デカルト著作集』3、九九‐一〇〇ページ。圏点――引用者）。後者には、「完全な円環」の図と「不規則で不完全な円環」の図とが付され、その図に即して具体的な説明がなされている（『増補版デカルト著作集』3、一〇〇ページ。AT Ⅷ-1, 59）。私が圏点を付した記述において、円環運動が円環運動となる根拠が示されているはずであるが、それらの記述においては、その根拠が単に形式的に示されているにすぎない。デカルトの円環運動論においては、円環運動が円環運動となる根拠が完全には示されていない。そこに示されている根拠によって、なぜデカルトが、渦動運動は本質的に円環運動であると考えているのかを把握することは、困難である。円環運動論について見る限り、デカルトは《運動の円環性》の観念に束縛されていたのかもしれない。

『宇宙論　または光についての論稿』、第八章「この新しい宇宙の太陽と星の形成について」（『増補版　デカルト著作集』4、一六六‐一七一ページ）において、デカルトは、次のように述べている。

「……こういう物体のどの部分を押しても、他のすべての部分がそれによって同じく押されたりひっぱられたりするから、その物体のある部分に最初与えられた運動し分かれるはたらきないし力は、たちまち他のすべての部分に可能なかぎり均等に拡がり配分されたと考えねばならない。／もっとも、均等といっても全面的に完全な均等ではありえなかった。というのは、第一に、この新しい宇宙には真空というものが全然ないため、物質のすべての部分が直線状に動くことは不可能だったからである。しかし、各部分は互にほぼ等しかったし、ほぼ同程度にたやすく方向を変えられるものだったから、それらは全部一致してなんらかの円運動を行なったにちがいない。ただし、神は最初それらを種々さまざまに動かされたと仮定しているのだから、すべてが一致して唯一の中心のまわりを回ったと考えるべきではなく、相互に多様な位置関係を持つと想像できるいくつかの異なる中心のまわりを回ったと考えねばならない」(『増補版　デカルト著作集』4、一六六ページ。AT XI, 49)。ここに引用した論述は、円環運動の考えを組み入れたデカルトの宇宙論が最も明確に記述されている、重要な論述である。しかし、『宇宙論　または光についての論稿』、第九章「惑星と彗星一般の起源とコースについて、特に彗星について」(『増補版　デカルト著作集』4、一七二-一七六ページ。同章は、本質的には彗星についての論述に充てられている)以下の章においては、円環運動の考えを本格的に組み入れた論述はなされていない。『宇宙論　または光についての論稿』で直接、地動説の論証が行われているのは第十章「惑星一般について、特に地球と月について」(『増補版　デカルト著作集』4、一七七-一八二ページ)、第十一章「重力について」(『増補版　デカルト著作集』4、一八三-一八八ページ)においてであるが、それらの章においても、円環運動の考えを本格的に組み入れた論述はなされていない。デカルトにとって、彼の円環運動論は、地動説を論証するために必ずしも不可欠のものではなかったのかもしれない。

第四節　デカルトの宇宙論の哲学史的意義

デカルトは、『宇宙論　または光についての論稿』を執筆した時点において、延長をもって物体

（物質）の属性とする「延長実体」の概念を始めとする、彼の自然哲学における基本的な考えに到達している。デカルトによる、延長をもって物体（物質）の属性とする「延長実体」の概念の確立は、自然的世界からアリストテレス学派＝スコラ学のいう「実体形相」・「実在的性質」を払拭するという、哲学史的に極めて注目すべき意義を有するものであった。アレクサンドル・コイレは、次のように述べている。「……新しい科学と、科学ヲ数学ニ還元スル de reductione scientiæ ad mathematicam というその夢、新しい数学的宇宙論の原理を明晰判明に定式化したのは、いずれにしろガリレイでもブルーノでもなくデカルトだった。やがて見るように、デカルトは肝腎の的を通りこし、物質と空間の時期尚早な同一化によって、十七世紀の科学が彼の前に置いた諸問題に具体的な解決を与える手段を自ら奪ってしまったのだが。」（アレクサンドル・コイレ著、野沢協訳『コスモスの崩壊——閉ざされた世界から無限の宇宙へ』、一二八ページ）。延長をもって物体（物質）の属性とする「延長実体」の概念の確立によって、デカルトは「科学を数学に還元する」ことが可能であることを、形而上学的に解明した。少なくとも、彼は、そのことを形而上学的に解明することができたと確信している。その形而上学的解明を踏まえて、デカルトは彼の円環運動論に基づく渦動宇宙論を展開した。我々はそこに、デカルトの宇宙論の哲学史的意義を認めることができる。宇宙論においては、デカルトは、彼の延長実体論に即して、《宇宙》を「延長実体」の幾何学的・力学的全体として把握しようとしている。《宇宙》を被造物の全体とする考えを保持しつつも、デカルトは《宇宙》の構造を、幾何学的・力学的に解明し尽くすことが可能であることを確信している。デカルトの宇宙論は、アリストテレス主義の宇宙論とは全くパラダイムを異にする、革新的な宇宙論である。デカルトの宇宙論は、彼において西洋近代哲学が成立していることを、明確に証示している。もちろん、デカルトその人が、西洋近代哲学の成立の立て役者の一人であった。ただし、「物質と空間の時期尚早な同一化」というコイレの言葉に即して言えば、「延長実体」の概念によって「物質」と「空間」を「同一化」すること、すなわち「空間の物質化」（アレクサンドル・コイレ著、野沢協訳『コスモスの崩壊——閉ざされた世界から無限の宇宙へ』、一一八ページ）は、当時の科学の水準を勘案すれば、非常に無理な企てであった。現代の素粒子物理学・宇宙論の「真空」の概念においては、或る意味で「空間」と「物質」・「エネルギー」との「同一化」が推進されているけれども。

アレクサンドル・コイレ著、野沢協訳『コスモスの崩壊——閉ざされた世界から無限の宇宙へ』を繙くことによって、長い年月カント哲学の研究に取り組んできた私は、デカルトの宇宙論とカントの批判哲学との連関について、次のことを改めて認識することができた。デカルトの宇宙論においては、「世界」（宇宙）の広がりが、「無限」ではなく、「無際限」である、と考えられている。[7] カントは『純粋理性批判』の「純粋理性の二律背反」の章の、「第一の二律背反」に関する、「世界全体の諸現象の合成の綜体性に関する宇宙論的理念の解決」（A 517‐523/B 445‐551）において、純粋理性による世界（宇宙）の時間的・空間的全体の把捉は、「無限の後退〔＝無限の背進〕」（ein Rückgang ins Unendliche）ではなく、「不定に継続する後退〔＝不定の背進〕」（ein unbestimmbar fortgesetzter Regressus (in indefinitum)」になる、と述べているが（A 518 ff./B 546 ff.）、そこには、「世界」（宇宙）の空間的広がりを、「無限」ではなく、「無際限」であると論定したデカルトの考えが、少なくとも間接的には、組み入れられているはずである。

デカルトの渦動宇宙論は、やがてヨーロッパの自然哲学において重要な意義を有することになる。ホイヘンスやライプニッツが、デカルトの渦動宇宙論をそのまま継承したわけではない。しかし、遠隔作用の考えを排除した、天体の体系的運動論としてのデカルトの渦動宇宙論のパラダイムは、ホイヘンスやライプニッツの惑星運動論・重力理論のパラダイムに顕著な影響を及ぼすことになる。

一方、ニュートンは、渦動宇宙論のパラダイムを退けて、重力の原因を自然哲学的に究明することは不可能であると考えた。アレクサンドル・コイレ著、野沢協訳『コスモスの崩壊――閉ざされた世界から無限の宇宙へ』の「ワタクシハ仮説ヲツクラナイ[8] Hypotheses non fingo……。この言葉は非常に有名になった」（同訳書、二七八ページ。六点リーダー（……）は、訳書による）という記述で始まる段落の後半部と、それに続く段落の初めの部分の記述を引用する。「……しかし、重力は仮説ではない。「隠れた」性質ではない。物体の行動を述べたもの、あるいは、直線運動をする（慣性の原理または法則によれば）はずの物体をかたよらせたりカーヴさせてりする求心力の存在を述べたものであるかぎり、重力が存在することは明白な事実である。惑星の運動を決定する宇宙的な「力」を、物質を落下させ地球の中心に向って動かす力と同一化したのはたしかに重大な発見ではある。しかし、物体のなかに或る力があり、それによって物体は他の物体に作用したりそれを引いたりできるなどと考えるのは仮説でもなんでもない。隠れた性質を使った仮説ですらない。まったくのナンセンスなのだ。／「機械的」な仮説、デカルト、ホイヘンス、ライプニッツの仮説はどうか。それらが実験科学でなんの位置をも占めないのは、出来ないことをやろうとするからにほかならない。云々」（アレクサンドル・コイレ著、野沢協訳『コスモスの崩壊――閉ざされた世界から無限の宇宙へ』、二七八ページ）。

ニュートンにとっても惑星運動論（ここでは月・彗星の運動論をも含めて考える）、海の満干についての潮汐論は大きな課題であった。重力の逆二乗則を発見したニュートンは、それを基本にしてニュートン力学を構築した。惑星運動論（ここでは月・彗星の運動論をも含めて考える）、海の満干についての潮汐論は、ニュートン力学において確立された。ニュートン力学によって古典力学が完成し、古典物理学がラグランジュの解析力学、ラプラスの天体力学へと展開していく地平が整えられた。ただし、ニュートンは、重力の原因を力学的＝機械論的に解明することは（彼の時代の物理学においては）不可能であることを洞察していた。現代の我々から見れば、それはニュートンの賢慮であった。しかし、デカルトの渦動宇宙論のパラダイムを継承する、ヨーロッパの大陸学派の自然哲学者たちには、力学的＝機械論的に解明し得ない力の存在を想定する、ニュートンの重力理論を受け入れることは困難であった。

自然哲学上の学説及びそれに関連する形而上学上の見解を巡って、ヨーロッパの大陸学派の自然哲学者たちとイギリスのニュートン学派の自然哲学者たちとの間に、真剣な論争が展開される。その論争において惑星運動論・重力理論が重要な論点になったことは、言うまでもない。ただし、その論争においては、ニュートンの重力理論について現代的意味での科学的論議が交わされたわけではない。その論争は、むしろ彼らの自然哲学の根源に存する神の観念、形而上学を巡って展開された。* それは、西洋近代哲学史上に繰り広げられた一大ドラマであった。アレクサンドル・コイレ著、野沢協訳『コスモスの崩壊――閉ざされた世界から無限の宇宙へ』の、とりわけ十一「仕事日の神と安息日の神／ニュートンとライプニッツ」には、そのドラマの模様が活写されている。大陸学派の代表者はライプニッツその人であり、ニュートン学派の代表者はサミュアル・クラークであった。微分積分学の発見の先取権を巡って、ニュートン学派とライプニッツ及びライプニッツ学派との間に交わされた熾烈な論争が――例えばベルヌーイ兄弟（ヤーコプ・ベルヌーイ、ヨーハン・ベルヌーイ）の業績に顕著に認められるように――微分積分学・解析学の進展を著しく促進させたように、惑星運動論・重力理論を巡って、大陸学派の科学者たちとニュートン学派の科学者たちとの間に交わされた論争は、近代ヨーロッパにおける自然哲学の学問的深化を著しく促進させた。（＊を付した箇所について言えば、アレクサンドル・コイレが上掲書、十一「仕事日の神と安息日の神／ニュートンとライプニッツ」の章でそれに即して論述を行なっている、ライプニッツとクラークとの往復書簡を収録した最初の刊本の表題は、「学殖豊かな故ライプニッツ氏とクラーク博士のあいだに自然哲学および宗教の原理に関し一七一五、六年に交換された文書集」（一七一七年、ロンドン）である。アレクサンドル・コイレ著、野沢協訳『コスモスの崩壊——閉ざされた世界から無限の宇宙へ』、三七二ページ、参照。「原注」の第十一章の注（二）による。）

次章においては、デカルトの形而上学における自我論について考察してみたい。

注

（1）　地動説を巡ってのガリレオの「第二次裁判」との関連において、この箇所に付されている訳注、すなわち三宅徳嘉・小池健男共訳『方法序説』、「訳注」の「第五部」注（1）（『増補版　デカルト著作集』1、九七－九八ページ）における、「メルセンヌへの一六三三年十一月末の手紙」及び「メルセンヌあて一六三四年四月の手紙」への訳者の言及をも参照されたい。また、『増補版　デカルト著作集』4、「解説」の野沢協氏執筆『宇宙論』には、前者すなわち「一六三三年十一月二十八日付のメルセンヌへ宛てた苦汁に満ちた手紙」からの引用文に即して、「こうしてガリレイの断罪によって、『宇宙論』はデカルトの筐底深く眠ることとなった。のちに『方法序説』の第五部でそれの所説があらためて紹介され、また『哲学原理』の第二部以降ではふたたび自然学と宇宙論とが新たに地球進化論をも加えてより詳細に再説されたにもかかわらず、『宇宙論』それ自体はデカルトの生前ついに公表されることなくおわった」と記されている（『増補版　デカルト著作集』4、五四九－五五〇ページ）。

（2）　『宇宙論　または光についての論稿』、第十一章「重力について」（『増補版　デカルト著作集』4、一八三-一八八ページ）の冒頭には、次のように記されている。「さて今度は、この地球の重力、つまり、地球〔の物質〕のすべての部分をひとつにまとめ、それらが大きさと堅固さの多少にしたがって多かれ少なかれすべて地球の中心へ向かうようにさせるその力がいかなるものであるかを考えていただきたい。重力とはもっぱら、地球をとりまく小さい天〔の物質〕の諸部分が、地球〔の物質〕の諸部分よりもずっと速く地球の中心のまわりを回っているために、そこから遠ざかろうとする力もずっと強く、それゆえ地球〔の物質〕の諸部分をそちらへ押しやることにあるのであって、それ以外のものではないのである。私はさきほど、彗星がそうだと仮定したようないちばんずっしりしたいちばん堅固な物体は天の周辺の方へ行き、天の中心の方へ押しやられるのはそれほどでもない物体だけだと言ったから、あなたがたはこの説明になにか納得しがたいものを感じられるかもしれない。さきほどの話からは、地球の中心の方へ押されうるのは地球〔の物質〕の諸部分の内でもいちばん堅固ならざるものだけで、あとのものは地球の中心から遠ざかるはずだということになりそうだからである。云々」（『増補版　デカルト著作集』4、一八三ページ。〔　〕内は、訳書による。AT XI, 72-73）。デカルトのこの記述を要約すれば、以下のようになる。「地球をとりまく小さい天〔の物質〕の諸部分」は、「地球〔の物質〕の諸部分よりずっと速く地球の中心のまわりを回っている」ので、それらに強力な遠心力が発生して、「地球〔の物質〕の諸部分」が「地球の中心」の方向に押しやられることになって「地球〔の物質〕の諸部分」に向心力が発生する。その向心力が「地球の重力」に他ならない。したがって、デカルトのこの重力理論によれば、惑星の軌道運動に関与するのは、本質的には、重力（向心力）ではなくて遠心力であるということになる。なお、『宇宙論　または光についての論稿』には、第十二章として、「潮の満ち干について」(『増補版　デカルト著作集』4、一八九‐一九一ページ)という標題の章が設けられており、「潮の満ち干」と月との関係についての説明がなされているが、そこには「潮の満ち干」の原因を月の引力(重力)に帰する発想の萌芽は認められない。デカルトの重力理論を勘案すれば、当然のことである。なお、同章に続く二つの章において、光に関する論述がなされている。『宇宙論　または光についての論稿』においては、渦動宇宙論と光の理論との緊密な連関(例えば、太陽光線が、渦動宇宙論で考えられている渦動に及ぼす影響)が考えられていることを、断わっておく。

(3)　デカルトの渦動宇宙論においては、遠心力の働きが重視されている。アレクサンドル・コイレ著、野沢協訳『コスモスの崩壊――閉ざされた世界から無限の宇宙へ』、五「無際限の延長か、無限の空間か／デカルトとヘンリ・モア」の、ヘンリ・モアのデカルト宛て書簡からの引用文中の、同書、一四五ページ、七‐九行目、及びそこに付された、同書、「原注」の「第五章」注(六)(同書、三五六ページ)を参照されたい。そこにおいて我々は、デカルトの世界(宇宙)を「無際限の延長」と見なす考えと彼の渦動宇宙論との緊密な連関を把握することができる。

(4)　「自然は真空を嫌う」という考えについては、『科学史技術史事典』の、青木国夫氏執筆の「真空」の項目及び「トリチェッリ」の項目を参照されたい。

(5)　伊東俊太郎『近代科学の源流』(中央公論新社、二〇〇七年)、一四九‐一五〇ページ、参照。

(6)　章の標題中の「この新しい宇宙」については、『宇宙論　または光についての論稿』、第六章「新しい宇宙の記述、およびそれを構成する物質の性質について」の書き出しの「そこでしばらくの間、あなたがたの心をこの宇宙の外に置き、私が想像上の空間に生まれさせる別のまったく新しい宇宙をごらんいただきたい」(『増補版　デカルト著作集』4、一五三ページ)という記述を参照されたい。ただし、デカルトが「想像上の空間」に仮託して描出している「新しい宇宙」とは、スコラ学的意味での「想像上の空間」を排除した、我々の現実の宇宙に他ならない。したがって、「この新しい宇宙の自然の諸法則」とは、スコラ学的意味での「想像上の空間」を排除した、我々の現実の宇宙の自然の諸法則のことである。

(7) アレクサンドル・コイレ著、野沢協訳『コスモスの崩壊——閉ざされた世界から無限の宇宙へ』、一三二‐一三七ページ、参照。デカルト『哲学原理』について言えば、アレクサンドル・コイレ著、野沢協訳、同上書、一三三ページ、一三四‐一三五ページ、一三五‐一三六ページの、デカルト『哲学原理』からの引用文に、「無際限」という言葉が記されている。

(8) 「ワタクシハ仮説ヲツクラナイ」という言葉に施された原注で、コイレは、次のように述べている。「カージョウリー教授はアンドルー・モットに従って、ニュートンの原文(Hypotheses non fingo——引用者)にある fingo(作る)という語を frame(作る)と訳しているが、古い言葉 feign(頭で作る)(ニュートン自身もこれを使っている)のほうが正確だし、意をつくしているように思う」(アレクサンドル・コイレ著、野沢協訳『コスモスの崩壊——閉ざされた世界から無限の宇宙へ』、三七一ページ)。なお、この原注に施された訳注(同上訳書、四〇〇ページ)において、「仏語版では、この原注は次のようになっている」と、その仏語版の原注が紹介されているので、併せ参照されたい。

付記　本章において引用文献として使用させていただいたデカルト著、野沢協・中野重伸訳『宇宙論または光についての論稿』については、野沢協氏執筆の、『宇宙論』の「解説」に、次のように記されていることを書き添えておく。「翻訳にあたっては、第一―第七章を中野が、第八章以降を野沢が分担してそれぞれ訳出した上、両人の討議によって訳語、文体の統一をはかった」（『増補版　デカルト著作集』4、五五一ページ）。また、本章及び次章において引用文献として使用させていただいているデカルト著、三輪正・本多英太郎訳『哲学原理』については、三輪正氏執筆の、『哲学原理』の「解説」に、次のように記されていることを書き添えておく。「エリザベト王女への献辞、仏訳者への手紙、第一部、第三部標題は本多英太郎が訳出を担当し、第二部、第三部第三節まで、第四部および解説は三輪正があたった」（『増補版　デカルト著作集』3、五三四ページ）。なお、次章において引用文献として使用させていただくデカルト著、三宅徳嘉・中野重伸訳『ビュルマンとの対話』については、三宅徳嘉氏執筆の、『ビュルマンとの対話』の「解説」に、次のように記されていることを書き添えておく。「本文は、中野・三宅の両名で共訳し、注と解説は、ほぼアダン版に拠りながら三宅が執筆した」（『増補版　デカルト著作集』4、五六〇ページ）。

第四章　デカルトの自我論

第一節　自我命題「我思惟す。ゆえに我在り」の定式化を巡って

デカルトの自我命題「私は考えている、だから私は有る」(「我思惟す。ゆえに我在り」)は、『方法序説』、第四部(三宅徳嘉・小池健男訳『方法序説』。『増補版 デカルト著作集』1、三八‐四五ページ)で初めて定式化された命題である。そこには、"je pense, donc je suis" という命題が二カ所で記されている(AT VI, 32, 33)。エティエンヌ・ド・クルセル訳、ラテン語版『方法序説』では、最初の "je pense, donc je suis" には "Ego cogito, ergo sum, sive existo" という訳が当てられており(AT VI, 558)、二つ目の "je pense, donc je suis" には "ego cogito, ergo sum" という訳が当てられている(AT VI, 559)。

デカルトが『方法序説』、第四部で論述し、そして『省察』で本格的に論述した自分自身の形而上学を総括することを企図して執筆した、『哲学原理』、第一部「人間的認識の諸原理について」(『増補版 デカルト著作集』3、三三‐七七ページ)においては、自我命題「私は考える、ゆえに

私はある」が同部、第七節、第一〇節に記されているが、それはいずれの場合も、“ego cogito, ergo sum” と定式化されている（AT Ⅷ-1, 7, 8）。なお、デカルトは、クルセル訳『方法序説』、及び『哲学原理』に先行して、既に「第二反論に対する答弁」（所雄章編修「反論と答弁」の、所雄章訳「第二反論と答弁」。『増補版　デカルト著作集』2、一五九‐二〇六ページ）において、次のように述べている。「が、われわれがわれわれは思惟する事物《もの》であることに気づくという場合はと言えば、それはいかなる三段論法よりしても結論されることのない或る種の第一の知見でありますし、また、誰かが「この私は思惟する、ゆえに私はある、言うなら私は存在する [ego cogito, ergo sum, sive existo]」と言うという場合には、彼は、〔彼の〕存在をば〔彼の〕思惟から三段論法によって演繹するのではなくて、あたかも自ずからに識られた事物《もの》として精神の単純な直視 [simplici mentis intuitu] によって認知するのであり、そのことは、存在を三段論法によって演繹するというのであれば、彼はそれよりも先に「思惟するところのものはすべて、ある、言うなら存在する [illud omne, quod cogitat, est sive existit]」というこの大前提を識っていなければならなかったということになろう、ということよりして明らかであります。云々」（『増補版　デカルト著作集』2、一七二ページ。〔　〕内は、訳書による。AT VII, 140）。自我命題が直観命題* (proposition by intuition) であるのか推論命題 (proposition by inference) であるのかに関しては、デカルトは必ずしも確定した見解を提示しているわけではないが、右の引用文はデカルトが自我命題が直観命題であることを明言している記述として知られている。そして、それは、デカルト自身が己の自我命題を、

“ego cogito, ergo sum, sive existo” と精確に定式化している記述でもある。ちなみに、『省察』第一版（「反論と答弁」をも収録）が刊行されたのは、一六四一年であり、同書、第二版が刊行されたのは一六四二年であり、クルセル訳、ラテン語版『方法序説』が刊行されたのは、『哲学原理』が刊行されたのと同じ一六四四年である。「第二反論に対する答弁」における “ego cogito, ergo sum, sive existo” という自我命題の定式は、クルセルが『方法序説』のラテン語訳に取り組んだ時期には、西欧の学者の間では広く知られていたはずである。当然、クルセルは、そのことをも念頭に置いて『方法序説』のラテン語訳を行ない、“je pense, donc je suis” にまず “Ego cogito, ergo sum, sive existo” という訳を当てた後、それを簡略化して、“ego cogito, ergo sum” という訳を当てたのである。デカルト自身の著述においては、自我命題が “cogito, ergo sum” と定式化されているのは、『真理の探求』の、鼎談形式の本論における、登場人物ユードクスの「私は疑う、ゆえに私はある [dubito, ergo sum]」あるいは、同じことですが、「私は考える、ゆえに私はある [cogito, ergo sum]」という推理の真なることを完全に確信するに先立って、懐疑とは何か、思考とは何か、存在とは何かを知らねばならぬ、という点では、エピステモン、私は君と同意見です」（井上庄七訳『真理の探求』。『増補版 デカルト著作集』4、三二七ページ。AT X, 523）という発話に認められるだけである。その意味において、我々は『哲学原理』でデカルトが自我命題を “ego cogito, ergo sum” と定式化していることに留意しなくてはならない。その自我命題の定式は、デカルトが “je pense, donc je suis” を自分でラテン語に直訳したものである。デカルトの自我命題“ego cogito, ergo sum”をフランス語に直訳すれば“je pense, donc je suis”になるが、後者をラテン語に直訳した場合、必ずしも前者になるわけではない。ただし、“ego cogito, ergo sum”と“cogito, ergo sum”とは、主語“ego”を人称代名詞として明示するか否かの差異はあっても、自我論的には同一の命題である。

ここで、『方法序説』における「我思惟す。ゆえに我在り」(je pense, donc je suis) という自我命題の定式化、及び『省察』における「我在り。我存在す」(Ego sum, ego existo) という自我命題の定式化について、考察しておこう。

デカルトは『方法序説』、第四部、第一段落で、彼が“je pense, donc je suis”という自我命題を導出して、定式化するに至った行程を、次のように記述している。「しかし、そのころはただひたすら真理の探求に打ち込みたいと願っていましたので、その正反対のこと*をやり、ほんの少しでも疑いをふくむと想像されるおそれのあるものはみな、ぜったいにまちがっているとしりぞけるのが必要だと考えました。どこにも疑いをさしはさむ余地のないものが、そのあとで、何か私の信念に残りはしないかを見ようとして、そう考えたのです。たとえば私たちの感覚はときどき私たちを欺くので、どんなものでも感覚が私たちに想像させるとおりのものはないと私は想定しようと思ったのです。そして〈幾何学〉のどんなに単純な素材を扱うときにも、推論をするうちに勘ちがいをし、〈誤謬推理〉をする人がいるのですから、私もほかのどんな人とも同じだけまちがいを犯しやすいのだと判断して、それ以前に〈論証〉とみなしていた論拠をどれもこれもまちがったものとしてしりぞけました。そして最後に、私たちが目を覚ましていていだく同じ考えがどれもみな眠っているときにやってくることもありうるが、そのときには何ひとつほんとうのものはないということを考えめぐらして、私は、それまでに自分の精神にはいりこんでいたものはみな、私の夢のまぼろし以上にほんとうではないと仮想することに決めました。しかし、すぐあとで、そんなふうにどれもまちがいだと考えたいと思っているあいだにも、そう考えている自分は何かであることがどうしても必要だということに気づきました。そしてこの「私は考えている、だから私は有る」という真理はいかにもしっかりしていて、保証つきなので、〈懐疑論者たち〉のどんなに並みはずれた想定を残らず使ってもこれをゆるがすことができないのを見てとって、私はこの真理を、求めていた〈哲学〉の第一の原理［le premier principe de la Philosophie, que je cherchois］として、懐疑なしに受け入れることができると判断しました」（『増補版　デカルト著作集』1、三八 - 三九ページ。AT VI, 31 - 32）。（私が＊を付した箇所は、右の引用文の直前の、「だいぶまえから私は、生き方については、ひどく不確かだとわかっている意見でも、疑う余地のないものだったばあいとまったく同じように、それに従う必要がときにはあると気づいていました」（『増補版　デカルト著作集』1、三八ページ。AT VI, 31）という記述を受けて記されている言葉である。）

右の段落に引用した、方法論的懐疑についての記述においては、「私は考えている、だから私は有る」という命題について、デカルトがそれを「〈懐疑論者たち〉のどんなに並みはずれた想定を残らず使ってもこれをゆるがすことができない」明証的な真理であることを洞察して、それを、彼が「求めていた〈哲学〉の第一の原理」として受容することができたことが、明言されている。『純粋理性批判』第二版の誤謬推理論[1]における脚注の一つに、カントが「我考う（Ich denke）」と「我存在す（Ich existiere）」とを等意命題と見なして、「我考う」を「存在命題（ein "Existentialsatz"）」として把握している箇所がある（B 422 f. Anm.）。それに倣って、私も、自我命題「私は考えている、だから私は有る」に「存在命題」という呼称を当てることとするが、方法論的懐疑についての右の段落の引用文においては、当然のことながら、「私は考えている、だから私は有る」という命題を「〔自分が〕求めていた〈哲学〉の第一の原理」として定式化することが眼目であって、自我命題「私は考えている、だから私は有る」が存在命題であることは必ずしも強調されていない。

『方法序説』においてデカルトが「私は考えている、だから私は有る」という命題を存在命題として把握していることを、我々が明確に読み取ることができるのは、むしろ右の引用文に続く、自我が実体であることについての認識を述べる、第四部、第二段落においてである。同段落の全文を引用しよう。「それから、自分が何であるかを注意ぶかく検討し、そして自分にはどんな体もなく、またどんな世界も、自分がいるどんな場所もないと仮想することはできても、だからといって自分が無いと仮想することはできないし、それどころか、ほかのいろいろなものがほんとうであるかどうかを疑おうと考えていること自体から、私が有るということがきわめて明白確実に出てくるのにたいして、一方では、ただ私が考えることをやめさえしたら、たとえ私がかつて想像したものの残りぜんぶがほんとうであったとしても、私には自分が有ったと信じるどんな理由もなくなるだろうということを見て、私はそこから、自分がひとつの実体であり、その実体の本質なり本性なりは考えることだけにつきるし、またその実体は有るためにどんな場所も必要としなければ、どんな物質的なものにも依存しないことを認識したのです。ですからこの〈私〉、つまり私を現在あるものにしている〈魂〉は、体とはまるきりべつなものであり、しかも体よりも認識しやすく、たとえ体が無かったとしてもそっくり今あるままであることに変わりはないでしょう」（『増補版　デカルト著作集』1、三九ページ。AT VI, 32 - 33）。右の引用文も、「私は考えている、だから私は有る」という命題を存在命題として提示することを意図して記されたものではなくて、「私は考えている、だから私は有る」という、デカルトが自分の「〈哲学〉の第一の原理」として受け止めた自我命題に基づいて自我の実体性を論証するために記されたものである。ただし、右の引用文においては、自我の実体性を導出する「……だからといって自分が無いと仮想することはできないし、それどころか、ほかのいろいろなものがほんとうであるかどうかを疑おうと考えていること自体から、私が有るということがきわめて明白確実に出てくる」という記述に認められるように、自我の《存在》の明証性について言及がなされている。

デカルトの自我命題「我思惟す。ゆえに我在り（ego cogito, ergo sum）」が本質的に存在命題であることを、私が認識するに至ったのは、『省察』の「第二省察／人間的精神の本性について。精神は身体よりも、より良く識られるということ。」（所雄章訳『神の存在、および人間的霊魂の身体からの区別、を論証する、第一哲学についての／ルネ・デカルトの 省察』（以下、『省察』と記す）。『増補版　デカルト著作集』2、三七‐五〇ページ）においてなぜデカルトが自我命題を「我在り。我存在す（Ego sum, ego existo）」と定式化したのかについて思いを巡らせることによってであった。『省察』において定式化された自我命題「我在り。我存在す」は、文字どおりの存在命題に他ならない。

我々が前々段落に全文を引用した、『方法序説』、第四部、第二段落の前半部と後半部とに完全な論理的つながりを認めることができるかどうかについては措いて、ここでは、その後半部においても自我の《存在》について言及されていることに、留意しよう。特に、自我の《存在》の様態として、「どんな物質的なものにも依存しない」ことが指摘されている点に、留意しよう。その指摘は、デカルトが、「考えること」（思惟）を本質・本性――属性（attributum）――とする自我＝精神を《思惟実体（substantia cogitans）》として把握したことの宣言に他ならない。

我々が今、論及している引用文に続く、『方法序説』、第四部、第三段落においては、デカルトは再度、「私は考えている、だから私は有る」という命題を提示し、「考えるためには有ることが必要だ [pour penser, il faut estre]」という公理命題を交えながらも、実質的には、神の存在の証明（存在論的証明）へと、論の転換を図っている。『方法序説』、第四部、第三‐第四段落で、デカルトは、次のように述べている。「そのあとで、私は、ひとつの命題にとってほんとうで確かであるためには何が要求されるかを、全般にわたって考えめぐらしました。というのも、私がほんとうで確かであることを知っているひとつの命題をいま見つけたところでしたから、その確実さがどういう点から成るのかも私は知っているはずだと考えたからです。そしてこの「私は考えている、だから私は有る」ということのなかには、私の言っていることがほんとうだと保証してくれるものは、考えるためには有ることが必要だとひじょうにはっきりわかっていること以外には何もないのを見てとって、私はつぎのように判断しました。私たちがきわめてはっきりとまぎれなくつかむものはどれもみなほんとうだということを一般的な規則とみなしていい*、しかし私たちがまぎれなくつかむものはどんなものであるかをよく見分けるのに、ただむずかしい点がいくらかあると。／それにつづいて、私が疑っているということ、したがって私の有が完全無欠でないことについて、というのも疑うよりは認識するほうが完全度の高いものだとはっきりわかっていたからですが、そうしたことに反省を加えながら、私は自分よりも完全なものを何か考えることをどこから学んだのか探そうと思いつきました。云々」（『増補版　デカルト著作集』1、三九－四〇ページ。AT VI, 33）。（右の引用文中の、私が＊を付した箇所、すなわち「私たちがきわめてはっきりとまぎれなくつかむものはどれもみなほんとうだということを一般的な規則とみなしていい」という記述で暫定的に定立されている「一般的な規則」については、『方法序説』、第四部、第七段落で、「……というのも、まず第一に、先ほど規則とみなしたこと、つまり私たちがひじょうにはっきりとまぎれなくつかむものはどれもみなほんとうだということ自体が保証されるのはただ、神が有りまたは存在し、そして神は完全な有であり、私たちのうちに有るものはみな神に由来するという理由によるだけだからです」（『増補版　デカルト著作集』1、四四ページ。AT VI, 38）と、その「一般的な規則」の形而上学的論拠が示されている。）

右の段落の引用文中の「それにつづいて」という言葉で始まる段落、すなわち『方法序説』、第四部、第四段落は、次のような記述で結ばれている。「しかし私は知的な本性が物体的な本性とはまぎれもない別なものであることを、すでに私のうちにひじょうにはっきり認識していたのですから、合成はどんなばあいでも依存の証拠であり、依存は明らかに欠陥だということを考えめぐらして、私は以上のことからつぎのように判断しました。この二つの本性から合成されているということは、神のうちにあっても完全さではありえないし、したがって神はそうしたものではない、しかしこの世にいろいろな物体や、あるいはまた知性とかその他の本性で、完全無欠とはいえないものが何かあるとしたら、そういうものの有は神の力に依存しているにちがいなく、したがってそういうものは神がなくては一瞬も存続することはできないと。」（『増補版　デカルト著作集』1、四一－四二ページ。AT VI, 35－36）。ここでは、有限実体は神による《連続的創造》なくしては存続し得ないという、デカルトの考えが提示されている。その《連続的創造》の考えに端的に示されているように、デカルトは、人間存在はそれ自体としてはいかにしてもそれの限界性を脱却することができないことを、見極めている。『方法序説』においてデカルトは、自分の形而上学を構築するための最初のステップとして「我思惟す。ゆえに我在り」という命題を定式化した。そこにおいては、自我命題の定式化（その定式化に基づく自我＝精神の実体性、精神と身体との実在的区別の論証を含めて）の直後に神の完全性についての論が展開されている。その点において我々は、デカルトの自我論がスコラ学のパラダイムを完全には脱却していないことを窺うことができる。『方法序説』における“je pense”の“je”、クルセル訳の同書のラテン語版における“ego cogito”の“ego”は、カントの“die transzendentale Apperzeption, Ich denke”の“Ich”とは異なり、あくまでも「一つの実体」＝「精神」（思惟実体）としての自我であって、カントの《超越論的統覚我》のように超越論的働きを備えた自我ではないのである。もちろん、自然に対する人間の能動性の自覚は、デカルトにおいてもはっきりと観取することができる。しかし、自我論に限定して見れば、デカルトの自我論は依然としてスコラ学の実体論的形而上学のパラダイムに拘束されている。

次に、「第二省察」における自我命題の定式化について考察してみたい。「第二省察」においても、『方法序説』、第四部におけるのと同じく、方法論的懐疑を通して、“Ego sum, ego existo.”という自我命題が定式化されている。

「第二省察」の冒頭の段落を引用しよう。デカルトは、次のように述べている。「昨日の省察（すなわち「第一省察」――引用者）によって私は、もはやそれを忘れることも能わず、［さりとて］しかし［それでも］どうして解決すべきかもわからない、というほど、それほど大いなる懐疑のなかにと投げ落されたのであるが、あたかも突如として渦巻く深みにはまってしまったかのように、狼狽のあまり私は、水底に足をつけて立つこともできなければ、泳いで水面に浮かび出ることもできない、というようなありさまでいるのである。私は、しかし〔それでも〕切り抜けよう、そして、昨日踏み入ったあの道を、すなわち、いささかなりとも疑いを受け入れるもののすべてをば、およそ偽であると見定めたという場合と全く同じように打ち払いつつ、再び手探ってゆくこととしよう。そして、確実な何ものかを、あるいは、もし何もほかには私がやれぬなら、少なくとも、確実なものは何もないということ自体を確実なものとして、私が認識するに至るまで、私は先へ先へと進みゆこう。アルキメデスは、全地球を場所的に移動させるために、確固不動の一点以外には、何も求めていなかった。〔それゆえ〕確実で揺るぎないものをいささかなりとも何か私が見つけ出しさえすれば、大いなる希望をばこれまた抱いてよいはずである」（『増補版　デカルト著作集』2、三七ページ。〔　〕内は、訳書による。AT VII, 23 - 24）。ここにいう「確実で揺るぎないもの」とは、形式上は、デカルトが自分の形而上学を構築するための「確固不動の一点」を表しているが、実際上は、自我存在を形而上学的に確認することへのデカルトの志向を表している。右の引用文に続けて方法論的懐疑の具体的諸様相が叙述されているが、デカルトが実際にそのように方法論的懐疑を運んだというわけではなくて、デカルト一流の構成による、方法論的懐疑の諸様相の叙述であることは言うまでもない。ここでは、方法論的懐疑が正に自我存在論的様相を呈するに至った箇所を引用しよう。「第二省察」の第三段落で、デカルトは、次のように述べている。「……私は、身体や感官に繋がれていて、それらなしにはかくてありえないのであろうか。しかしながら私に私は、世界のうちには、天空も、大地も、精神も、物体も、全く何一つとしてないということを、説得したのである、が、そうとすれば、また私もないと、説得したのではなかったであろうか。いな、そうではなくて、何かを私に私が説得したというのであれば、確かに〔少なくも〕この私はあったのである。しかしながら、誰かしら或る、この上もなく力能もあればこの上もなく狡智にもたけた欺瞞者がいて、故意に私を常に欺いている。彼が私を欺いているならば、そうとすればこの私もまたある、ということは疑うべくもないのであって、彼が力のかぎり〔私を〕欺こうとも、彼はしかし〔それでも〕けっして、私が何ものかであると私の思惟しているであろうかぎりは、私が無である〔アルイハ、何ものでもない、全然あらぬ〕、という事態をしつらえることはできないであろう。かくして、すべてを十分にも十二分にも熟考したのであるから、そのきわまるところ、「われあり、われ存在す、［Ego sum, ego existo.］」というこの言明は、私によって言表されるたびごとに、あるいは、精神によって概念されるたびごとに、必然的に真である、と論定されなければならないのである」（『増補版　デカルト著作集』2、三八ページ。〔　〕内は、訳書による。AT VII, 25）。

『省察』の自我命題「われあり、われ存在す」も、方法論的懐疑を通して導出されているのであるから、「第二省察」において"Ego sum, ego existo"という自我命題を導出する行程は、実質的には、"ego cogito"から"Ego sum, ego existo"を導出する行程なのである。したがって、「第二省察」については、我々は、「われあり、われ存在す」という命題が定式化されるに至った、同省察における方法論的懐疑の行程の全体をもって"je pense, donc je suis"（『方法序説』）/"Ego cogito, ergo sum, sive existo"（クルセル訳『方法序説』）＝"ego cogito, ergo sum"（『哲学原理』）という自我命題を定式化する行程に相当する、と解さなくてはならないのである。そのことを踏まえて考えれば、『省察』において自我命題が「私は在る、私は存在する」というように存在命題として定式化されているのは、ごく自然の成り行きとして受け止めることができる。その上、「第二省察」には、原理命題「我考う」に即して自我存在を形而上学的に確認することへのデカルトの強い志向が伴っている。デカルトが方法論的懐疑を通して探求した「確固不動の一点」は、「我在り。我存在す」という、存在命題としての自我命題において確保された。その「我」を直ちに『純粋理性批判』における《超越論的自我》――それは、誤謬推理論では「超越論的主体」と呼ばれている――と同定することはできないけれども、「第二省察」において「我」が明確に《主観》――方法論的懐疑を遂行する《主観》――として、その存在に即して把握されたことは、自我の形而上学＝自我存在論にとって極めて重要な成果であった。

「第二省察」においては、"Ego sum, ego existo"という自我命題の定式化に続けて、思惟をもって自我＝精神の本性とする、"res cogitans"の概念が提示され、続けて、いわゆる「蜜蠟の比喩」によって"res extensa"の概念が提示されている。その際、デカルトが、"res extensa"の存在（実在性）の確認に関しては決定判断を留保していることに、留意されたい。「第二省察」は、次のような記述で結ばれている。「かくて、見よ、ついにおのずと私は、私の欲していたところに立ち戻ってきたのである。すなわち、私には今は、物体それ自体は本来は、感覚によって、あるいは想像する能力によって、ではなくて、独り知性によってのみ知得されるのであって、触れられもしくは見られるということからではなくて、知解されるということからのみ知得されるのである、ということが識られているのであるから、明白に私は、私の精神よりもいっそう容易に、もしくはいっそう明証的に私によって知得されることのできるものは何もないということを、認識するのである。云々」（『増補版　デカルト著作集』2、四八ページ。AT VII, 33-34）。

「我在り。我存在す」という自我命題を「確固不動の一点」にして、デカルトによって、カントの『純粋理性批判』の自我論に比肩するような近代哲学的自我論が展開されているわけではない。『省察』の詳しい表題は、第一版では『神の存在と霊魂の不死性とを論証する第一哲学についての、ルネ・デカルトの諸省察』であるが、第二版では、第一版の表題にある「霊魂の不死性」が「人間的霊魂の身体からの区別」に置き換えられて、『神の存在、および人間的霊魂の身体からの区別、を論証する、第一哲学についての　ルネ・デカルトの諸省察』という表題に改められている。[2]『省察』の本来的課題は、第一版の表題に即し考えても、第二版の表題に即して考えても、自我論そのものを展開することではなかったことは、明白である。デカルトの自我論は、旧い形而上学の実体論のパラダイムに拘束されている。しかし、デカルトは、『方法序説』、第四部において “je pense, donc je suis” という自我命題を「〈哲学〉の第一の原理」として定式化し、そして『省察』の「第二省察」においてはその自我命題――クルセルが “Ego cogito, ergo sum, sive existo” とラテン語訳した自我命題――を “Ego sum, ego existo” という、《思惟する自我》についての存在命題として定式化した。方法論的懐疑を遂行するデカルトは、己が《思惟する自我》であることを明確に自覚している。デカルトは「第二省察」の第六段落で、《思惟する自我》を「思惟する事物《もの》」と規定している。そこでは、「思惟する事物《もの》」は、《思惟実体》の予備概念として提示されている。同段落では、「われあり、われ存在す」という自我命題が定式化されるに至った方法論的懐疑が、或る意味では反復的に、自我・自我存在そのものに適用されて、次のように述べられている。「今私は、或るいとも力能のある、そして、もしそう言ってもかまわぬのなら、邪意にみちた欺瞞者が、あらゆる点に苦心して、力のかぎり私をだまそうとしてかかってきている、と想定しているが、その今はしかしどうなのか。私は、物体の本性に属すると今さき私の言ったもののすべてのうちの何かを、私がいささかなりとももっていると、肯定することができるであろうか。私は、注意し、思惟し、再考する、が、何も見つからない。同じことを空しく繰り返して私は疲れはてる。霊魂に私が帰していたもののうちには〔実は〕しかし、どうなのか。栄養をとること、あるいは歩行すること、はどうであろうか。すでに身体を私がもっていないというからには、それらもまた作りごと以外の何ものでもない。感覚することはどうか。思うに、またこれも身体がなければ生じはしないのであって、感覚しているつもりに私が睡眠中にはなっていて、後になってみて私が、〔実際に〕感覚したのではなかったと気のついたものが、すこぶる多々あるのである」（『増補版　デカルト著作集』2、四〇ページ。〔　〕内は、訳書による。AT VII, 26－27）。「第二省察」の第六段落の記述は、更に次のように続いて、『省察』における「思惟する事物《もの》」の概念が確定される。「思惟することはどうか。ここに私は見つけ出す、思惟がそれである、と。思惟のみは私から引き剝がし能わぬのである。私はある、私は存在する [Ego sum, ego existo]、これは確実である。それはしかし、いかなるかぎりにおいてであるか。思うに、私が思惟しているかぎりにおいてである。というのも、私が一切の思惟を止めるとしたならば、おそらくまた、その場で私はそっくりあることを罷める、ということにもなりかねないであろうから。今私は、必然的に真であるところのもの以外には何ものも受け入れないことにしているのである。そうとすれば、私とは、断然〔厳密な意味で〕思惟する事物《もの》 [res cogitans] でしかなく、言いかえるなら、精神 [mens] であって、これを心 [animus] と言っても知性 [intellectus] と言っても理性 [ratio] と言ってもよいが、それらは以前にはその意味が私には識られていなかった言葉なのである。私はしかし、真なる事物《もの》で、真に存在する事物《もの》である。しかし、どのような事物《もの》であるか。私は言った、思惟する事物《もの》、と。」（『増補版　デカルト著作集』2、四〇－四一ページ。AT VII, 27）。「第二省察」の第七－九段落も自我・自我存在についての論述に充てられているが、そこでは、論の主題を、いわゆる「蜜蠟の比喩」による物体の実体論（substance theory of body/matter）へ転換することが図られている。ただし、「第二省察」においては、デカルトは、《延長実体（substantia extensa)》の概念を提示することを控えている。

「第二省察」の第八段落は、「しかしながら、私とはそれでは何であるか。思惟する事物《もの》、である。思惟する事物《もの》とは何であるか。〔思惟する事物《もの》とは〕つまり、疑い、知解し、肯定し、否定し、欲し［したいと思い］、欲せず［したくないと思い］、また想像もし、そして感覚し、するもの、である［Nempe dubitans, intelligens, affirmans, negans, volens, nolens, imaginans quoque, & sentiens］（『増補版　デカルト著作集』2、四二ページ。AT VII, 28）という記述から成っている。この記述は単に「思惟する事物《もの》」の思惟の諸様態の説明に止まるのではなくて、「第二省察」の第九段落の末尾の「……実際、このように厳密な意味に解するなら、感覚するということは思惟するということにほかならないのである」（『増補版　デカルト著作集』2、四三ページ。AT VII, 29）という記述につながっている。そして、「第二省察」の第一〇段落の冒頭で、デカルトは、次のように述べている。「以上よりするに、私としては、かなりの程度まで［以前よりも］いっそうよく私がいったい何者であるかを識りはじめてはいるのであるが、しかし、今なお［しかし］それでも、［私の］思惟によってそれらの像が形成されるところの、そして感覚そのものによって探知されるところの、物体的な事物《もの》［ども］のほうが、何か知らぬが*私に属する、それでいて想像力の支配の及ばぬところのあのもの、よりははるかに判明に認知されるように思われるし、そう考えることを禁じえないのである。疑わしくて、識られていなくて、私とは疎遠なもの、と私の気がついている事物《もの》のほうが、真であるもの、認識されているものよりも、つまりは私自身よりも、いっそう判明に私によって把握されるということは、まさしく奇異なことではあるけれども。」（『増補版　デカルト著作集』2、四三ページ。［］内は、訳書による。AT VII, 29）。（右の引用文中の、私が＊を付した「何か知らぬが」という言葉は、ここではまだ「思惟する事物《もの》」の実体性が証明されていないことを表している。「第二省察」において、デカルトが「思惟実体」という言葉を用いないで、「思惟する事物《もの》」という言葉を用いているゆえんである。『省察』においては、「思惟する事物《もの》」が実体であることは、精神と身体（物体）との実在的区別が論証されるまでは断定できない、と考えられている。『省察』の本論で精神と身体との実在的区別についての論究がなされるのは、「第六省察／物質的な事物《もの》の存在について、ならびに精神と身体との実在的な区別について。」（『増補版　デカルト著作集』2、九三－一一三ページ）においてである[3]。）

右の段落に引用した、「第二省察」の第八段落に即して考えると、「思惟する事物《もの》」の《思惟作用》を《認識》に限定することは、困難であるようにも思われる。しかし、カントが「「我考う」は私の全ての表象に伴うことができなければならない」（B 131）と述べているように、「思惟する事物《もの》」の《思惟作用》の根源において機能しているのは、「我思惟す（ego cogito）」＝「我考う（Ich denke）」という、超越論的・根源的統覚の作用、すなわち超越論的・根源的認識能力の働きであるはずである。

デカルトによる「我思惟す。ゆえに我在り」という自我命題の定式化によって、カントの「超越論的主観（das transzendentale Subjekt）」＝「思惟する自我（das denkende Ich）」の概念に対応する《思惟する自我》の概念――ただし、デカルトにおいては、カントにおけるのとは異なって、《思惟する自我》の実体論的概念――が確立された。『省察』に即して言えば、デカルトは、《思惟する自我》の《思惟作用》――一般命題としては「我思惟す（ego cogito）」と定式化されるが、方法論的懐疑に即して言えば、むしろ「我懐疑す（ego dubito）」と定式化されるべき思惟作用――において、《思惟する自我》の懐疑不可能な《存在》を確認して、“Ego sum, ego existo”という《哲学の第一原理》を――『方法序説』におけるのとは異なって――狭義の存在命題として定式化し、それを踏まえて、「思惟する事物《もの》」＝「精神」についての考究を行なっている。

既に見たように、「第二省察」は、「昨日の省察によって私は、もはやそれを忘れることも能わず、［さりとて］しかし［それでも］どうして解決すべきかもわからない、というほど、それほど大いなる懐疑のなかにと投げ落されたのであるが、あたかも突如として渦巻く深みにはまってしまったかのように、狼狽のあまり私は、水底に足をつけて立つこともできなければ、泳いで水面に浮かび出ることもできない、というようなありさまでいるのである」（『増補版　デカルト著作集』2、三七ページ）という書き出しで始まっている。『省察』においても、《思惟する自我》は、結論的には、実体論を基軸にする形而上学の伝統に従って《思惟実体》として把握されているのであるが、右の引用文において明らかであるように、デカルトは、「第二省察」のクライマックスというべき“Ego sum, ego existo”という自我命題を定式化する行程において、自我について実存論的／存在論的省察（existential/ontological meditation）を行なっているのである。デカルトの自我論は、そのような実存論的／存在論的基盤の上に成立している理論であって、単に論理的に編み出された理論ではない、と理解されなくてはならない。カントはデカルトの自我命題について、“cogito, ergo sum”は推理（Schluß）ではなくて、“tautologisch”（同意異語の反復）であるとも述べているが（A 355）、デカルトに即して言えば、“cogito, ergo sum ”は、決して Tautologie ではないはずである。デカルトは “ego cogito, ergo sum”という命題において、「我思惟す（ego cogito）」（自我意識）を「我在り（ego sum）」（自我存在）に結び付けているのである。“Ego sum, ego existo”という自我命題も、「我思惟す（ego cogito）」の「我（ego）」についての、したがって《思惟する自我》についての存在命題なのである。「我在り。我存在す」という自我命題が定式化されることによって、《思惟する自我》が《存在する自我》であり、《世界》――自然哲学の研究対象としての《自然》――を認識対象とする《認識主体》であることが確定された。そのようにして、デカルトによって、近代哲学の自我論の礎石が築かれた。そして、『純粋理性批判』におけるカントの認識論、すなわち超越論的観念論の認識論に至る、近代哲学の認識論への方向性が整えられたのである。すなわち、《世界》（感性界）は《思惟する自我》（超越論的主観）によって超越論的に構成されて存立しているとする、カントの超越論的観念論への道が拓かれたのである。カントは《世界》（感性界）に《経験的現実性（empirische Wirklichkeit/empirical actuality）》＝《経験的実在性（empirische Realität/empirical reality）》しか認めていないけれども、《認識主観》としての《超越論的自我》の《実在性》については、それを自明のものとして把握していた。デカルトが「第二省察」において、“Ego sum, ego existo”という、彼の哲学の原理命題を発見して、《思惟する自我の存在》の明証性を確認したように、カントは《超越論的自我》の《実在性》を明確に把握していた。

デカルトは方法論的懐疑によって、「我在り」あるいは「我在り。我存在す」という事態を、「我思惟す（ego cogito）」における明証的事実として把握した。別言すれば、「我在り」あるいは「我在り。我存在す」という事態が、省察するデカルトに、現象学的な明証的事実として顕現したのである。デカルトにとっては、「我在り」あるいは「我在り。我存在す」は、非経験的命題（non-empirical proposition）であったはずである。カントは、デカルトの「我在り」あるいは「我存在す」という命題を、デカルトの論述どおりには受け止めていない。カントは『純粋理性批判』第二版の「観念論論駁」において、デカルトの哲学的立脚点を「一つの経験的主張、すなわち「我在り」だけを、〔方法論的懐疑＝誇張懐疑によって〕懐疑されなかったと言明する、デカルトの蓋然的観念論（der problematische [Idealism] des Cartesius, der nur Eine empirische Behauptung (assertio), nämlich: Ich bin, für ungezweifelt erklärt）」（B 274）と規定している。ただし、『純粋理性批判』の「第二版序文」に記されている、「「我在り」という表象における、私の現存の知性的意識」（B XL Anm.）という言葉においては、カントは「我在り」――そこでは、「我在り」は《純粋統覚》を表す――を明確に「知性的意識」として把握している。

デカルトの論述に即して考えれば、“ego cogito”において“ego sum”あるいは“ego existo”が直接的に顕現しているのであって、“ego cogito, ergo sum”、“ego cogito, ergo sum, sive existo”は本質的に、《思惟する自我》の《存在》についての存在命題と解されるべき命題なのである。極言すれば、“je pense”、“ego cogito”も、デカルトにおいては、或る意味で、存在命題として提示されているのである。

そのこと、すなわち“ego cogito”/“Ich denke”が、或る意味で、存在命題であることは、カントによっても洞察されている。例えば、『純粋理性批判』第二版の誤謬推理論に付された脚注の一つで、カントは次のように述べている。「「我考う」は、既述のように（Das Ich denke ist, wie schon gesagt,）、経験的命題であり、*そして、「我存在す」という命題をそれ自身の内に含んでいる」**（B 422 Anm.）。（引用者が＊を付した箇所についてはB 420を、＊＊を付した箇所についてはB 418を参照されたい。）ここでは、デカルトの“ego cogito”に対応する「我考う」が、「我存在す」を含意する存在命題として把握されている。ただし、カントはその脚注の中でも、デカルトの“ego cogito, ergo sum, sive existo”という自我命題の定式について、「それゆえ、私の存在は、デカルトがそう見なしたように、「我考う」という命題から結論された〔＝推論された〕と見なされることはできなくて、（なぜなら、さもないと〔＝もしデカルトのように見なした場合には〕、「思惟する全てのものは、存在する」という〔証明不可能な〕大前提（Obersatz）が先行しなければならないことになるのだから、）「我考う」という命題と同一である」（B 422 Anm.）と批判している。（ここでカントがデカルトのその自我命題の定式を念頭に置いて、「我の存在」、「私考う」、「存在する」という言葉を記していることは、確かである。）この脚注においては、「「我考う」という命題における「我」（das Ich in diesem Satze）」は「純粋に知性的（rein intellektuell）」な表象として把握されているが、「我存在す」を含意する「我考う」という命題は、一貫して「経験的命題」として把握されている（B 423 Anm.）。そして、そこでは、「我存在す」という命題における《我の存在》は、「或る未規定の知覚（eine unbestimmte Wahrnehmung）」が指し示す「或る実在的なもの（etwas Reales）」として把握されている（ibid.）。「観念論論駁」で「一つの経験的主張、すなわち「我在り」だけを、懐疑されなかったと言明する、デカルトの蓋然的観念論」と記す際にも、カントは《「我在り」という命題における「我」》をば、《純粋に知性的な表象》と考えていたはずである。ただし、「観念論論駁」においても、右の脚注においても、カントは、「我考う」が「我在り」・「我存在す」を含意する存在命題であることを強調しようとするあまり、前者においては「我在り」が、後者においては「我考う」が、「経験的命題」であることを、強調している[4]。そこでは、「我考う」を《純粋統覚》として把握する「超越論的分析論」の基底をなす考えは、背後に押し遣られてしまっている。ただし、カントが、「我考う」という自我命題が実質的に存在命題であることを指摘したことは、デカルトの自我論を解釈する上で注目に値する。

我々は"ego cogito"という自我命題を、"ich existiere denkend"（B 420）と定式化することができる。"ego cogito"即"ego sum cogitans"なのである（vgl. A 355）。"ego cogito"という自己意識における《自我の自覚》は、即ち"ego sum cogitans"という自己意識における、《思惟する自我》の《自己存在の自覚》なのである。自我命題"ego cogito, ergo sum, sive existo"が省略三段論法命題（proposition by enthymeme）であるのか、直観命題であるのかについては、デカルトは、必ずしも確定した見解を提示してはいない。私見によれば、"ego cogito, ergo sum, sive existo”は、本質的には、《思惟する自我》の《自己存在の自覚》を定式化した命題である、と理解すべきである。近代物理学・近代哲学の成立・進展に即して言えば、自然哲学者ガリレオに典型的に見られるような《哲学する自我》の、《自己存在の自覚》の高まりによって、哲学において“ego cogito, ergo sum, sive existo”という、《思惟する自我》の《自己存在の自覚》を定式化した命題が生み出されるような、新しい時代が到来していたのである。

ここで、『哲学原理』に即して、“ego cogito, ergo sum”の定式化についてコメントしておきたい。『哲学原理』、第一部「人間的認識の諸原理について」（『増補版　デカルト著作集』3、三三―七九ページ）、第一〇節には、“ego cogito, ergo sum”が省略三段論法であるという見解を示す、次のような記述が認められる。「……したがって、私は、「私は考える、ゆえに私はある」という命題が、あらゆる命題のうちで、順序正しく哲学している人の誰もが出会う最初の最も確実な命題であると言ったとき、だからといって、この命題に先立って、「思考とは何か」「存在とは何か」「確実性とは何か」とか、また同様に「考えるものが存在しないことはありえない [id quod cogitet non existat]」ことなどを、知っておかなければならないことを否定はしなかったが、しかし、これらは最も単純な概念であり、またそれらだけでは存在しているいかなる事物に関する知識をも現前させはしないので、特に数えあげる必要もない、とみなしたまでである」（『増補版　デカルト著作集』3、三七ページ。AT Ⅷ-1, 8）。ここでは、「私は考える、ゆえに私はある」は大前提が省略された三段論法であるが、その省略三段論法の、「考えるものが存在しないことはありえない」という大前提は、「最も単純な概念」、換言すれば、『哲学原理』、第一部、第四九節でいう「共通概念あるいは公理[5] [communis notio, sive axioma]」（『増補版　デカルト著作集』3、五九ページ。AT Ⅷ-1, 23）であるゆえ、「私は考える、ゆえに私はある」という命題を定式化するとき、「最も単純な概念」（公理）である大前提を提示する必要はないと考えた、ということが述べられている。したがって、ここではデカルトは、「私は考える、ゆえに私はある」という自我命題を省略三段論法命題と考えている。その際、デカルトは、この自我命題が本質的に省略三段論法命題として定式化されるべき命題であること、それゆえ、この自我命題が或る意味で直観命題であることを主張しているように見受けられる。デカルトは「考えるものが存在しないことはありえない」という命題を「最も単純な概念」の一つに数えている。それは、彼が、「最も単純な概念」にすぎない「考えるものが存在しないことはありえない」という大前提を組み入れた三段論法によって、「私は考える、ゆえに私はある」という自我命題を定式化することとの、或る意味での不自然さを念頭に置いてのことであったのかもしれない。

「考えるものが存在しないことはありえない」という命題を「考える〔＝思惟する〕全てのものは、存在する」という命題に敷衍することは、デカルトやカントの所論に即して言えば、不可能である。カントは、“cogito, ergo sum”（Ich denke, also bin Ich）あるいは“cogito, ergo existo”（Ich denke, also existiere Ich）が推理命題であるとすれば、その推理命題の定式化に先行して、「「思惟する全てのものは、存在する」という大前提」が措定・証明されなくてはならないが、それは不可能である、と考えている（B 422 Anm., vgl. B 420）。デカルトも、「第二反論に対する答弁」の中で、同様のことを述べている。[6]デカルトにおいては、「我思惟す。ゆえに我在り」は、「精神の単純な直視」（「第二反論に対する答弁」）によって定式化される直観命題であり、それゆえ、大前提を踏まえることを必要としない、その意味での省略三段論法命題なのである。

『哲学原理』、第一部、第一〇節に記されている、我々が自我命題「私は考える、ゆえに私はある」を定式化するに際には、「考えるものが存在しないことはありえない」という「最も単純な概念」（公理）が暗黙裏に先行しているはずであるという考えは、既に『方法序説』、第四部に記されている。前引の「そしてこの「私は考えている、だから私は有る」ということのなかには、私の言っていることがほんとうだと保証してくれるものは、考えるためには有ることが必要だとひじょうにはっきりわかっていること以外には何もないのを見てとって、私はつぎのように判断しました。云々」（『増補版　デカルト著作集』1、三九‐四〇ページ）という『方法序説』、第四部の記述の中の、「考えるためには有ることが必要である」という公理命題（axiomatic proposition）は、『哲学原理』の、「考えるものが存在しないことはありえない」という公理命題と内容的に等価である。『方法序説』の、「考えるためには有ることが必要である」という公理命題は、必ずしも、“je pense, donc je suis” という命題を三段論法によって演繹する（deduce）ための大前提という意味合いで提示されているわけではないが、『哲学原理』、第一部、第一〇節に記されている、右の考えを先駆して提示されている公理命題である。ただし、『方法序説』においては、自我命題

“je pense, donc je suis”は、いかなる意味においても推理（inference）によって演繹された命題ではなくて、方法論的懐疑によって定式化された直観命題である。そのことは、『省察』における論述を併せ考えればより明白である。『省察』には、自我命題の定式化に関わる公理命題――自我命題を三段論法によって定式化するとすれば、その三段論法の大前提として想定される公理命題――についての言及は、全く認められない。「第二省察」における自我命題“Ego sum, ego existo”は、方法論的懐疑によって直観命題として把握されたのである。

デカルトの自我命題“ego cogito, ergo sum”について、それを直観命題とする考えをカントの『純粋理性批判』に認めることはできない。ただし、『純粋理性批判』においては、“ego cogito, ergo sum”を推理命題（proposition by inference）とする考えは退けられている。カントにおいては、デカルトが実際には直観命題として定式化したはずである“ego cogito, ergo sum”という命題は、知覚命題（proposition by perception）として、カントの論述に即して厳密に言えば、《我の存在》についての「或る未規定の知覚」によって成立している命題、したがってその意味での存在命題として把握されている。『純粋理性批判』の誤謬推理論の導入部で、「「我考う」という命題」がそれ自体としては蓋然的命題であることを記す際、カントは「デカルトの「我思惟す。ゆえに我在り」（das Cartesianische cogito, ergo sum）」が「〔我の〕現存の知覚」（eine Wahrnehmung von einem Dasein）を含んでいることを指摘している（A 347 f./B 405 f.）。そこにおいてカントが念頭に置いているのは、単に「デカルトの「我思惟す。ゆえに我在り」」に「我在り」が包含されているということではなくて、「我思惟す」という命題それ自体が「〔我の〕現存の知覚」を含む「我思惟す。ゆえに我在り」という存在命題に他ならない、ということである。カントが “cogito, ergo sum” を存在命題として受け止めていることは、更に『純粋理性批判』第二版の誤謬推理論の、「我考う（das Ich denke）」を「既に〔＝それ自体として〕現存（ein Dasein）〔＝自己の現存〕を、所与のものとして、包含している命題」（B 418）と規定する記述において、顕著に窺うことができる。第一版の誤謬推理論には、「だから、デカルトも、最も狭い意味における一切の知覚を、「我は（思惟する存在者として）在る（Ich (als ein denkend Wesen) bin）」という命題に制限したが、それは正しかった」（A 367 f.）という記述が認められる。この引用文に即して言えば、カントは、少なくとも第一版の誤謬推理論においては、「我は（思惟する存在者として）在る」ということの内的知覚こそが最も確実な知覚である、と考えている。カントは、《思惟する自我》は「最も狭い意味における知覚」によって自己の現存を知覚している、と考えているのである。したがって、カントによれば、「コーギトー」＝「我考う」はそれ自体として存在命題なのである。我々は、デカルトの “ego cogito, ergo sum, sive existo” について、この自我命題は或る意味において知覚命題として定式化されている、と考えることも可能であるはずである。ただし、『純粋理性批判』においては、「我考う」は、本質的には、あくまでも「純粋統覚」（「超越論的統覚」あるいは「根源的統覚」）として提示されている。カントは、誤謬推理論においても、決して「我考う」の統覚機能を軽視しているわけではない。誤謬推理論において、カントは、「コーギトー」＝「我考う」それ自体が、「我在り」＝「我存在す」を含意する存在命題でもあることを、デカルトの自我論に対する批判に絡めて、指摘しているのである。

ここで『哲学原理』、第一部、第七五節について考察しておきたいと思う。同節においてデカルトは、まず、「哲学する」という営為を方法論的懐疑の行程に対応させて、次にように述べている。「こうして、まじめに哲学し、認識可能なあらゆる事物の真理を追求するためには、まず、あらゆる先入見を捨て去らねばならない。すなわち、かつてわれわれが受け入れてきたいかなる意見に対しても、あらかじめ新しく検討し直して、真であることが十分わかるのでないかぎり、信頼を置くことのないよう厳しく用心しなければならない。次に、われわれ自身がみずからのうちにもっている概念に順序正しく注意を払わなければならない。そして、このように注意することによって、明晰判明に認識される概念のすべてを、またそれらだけを真であると判断しなければならない。以上のことをおこなうことによって、われわれは、われわれが考える本性をもつかぎり、われわれが存在することにまず気づくであろう」（『増補版　デカルト著作集』3、七六－七七ページ。AT Ⅷ-1, 38）。右の記述に即して言えば、デカルトは、「明晰判明に認識される概念のすべてを、またそれらだけを真であると判断〔する〕ことによって、「われわれが考える本性をもつかぎり、われわれが存在すること」が、他の一切の真理の洞察に先行して、明証的真理として洞察される、と考えている。その際、デカルトは、「われわれが考える本性をもつかぎり、われわれが存在すること」を、哲学の一つの公理命題として把握しているように、私には思われる。

『哲学原理』、第一部、第七五節におけるデカルトの記述は、次のように続く。「同時にまた、神が存在すること、われわれが神に依存すること、そして、神は他のすべての事物の原因であるから、神の属性を考察することによって、他の事物の真理が追求されうること、最後に、神の概念とわれわれの精神の概念との他に、無からは何ものも生じないなどといった永遠な真理についての数多くの命題についての知識、さらにある物体的な自然すなわち延長的、可分的、可動的な自然についての知識、または苦痛、色、味などのように、われわれを刺激する何らかの感覚、ただし感覚がなぜそのようにわれわれを刺激するのか、その原因は何であるかはまだ知られていないのだが、そういった感覚についての知識もわれわれのうちにあることに気づくであろう。云々」（『増補版　デカルト著作集』3、七七ページ。AT Ⅷ-1, 38）。ここにいう「永遠な真理についての数多くの命題についての知識」のうちには、「われわれが考える本性をもつかぎり、われわれが存在すること」の洞察は、含まれていない。しかし、そこでは、「神の概念」、「われわれの精神の概念」が、本源的には「われわれのうちにある」ものであることが、明言されている。やはり、デカルトは、“ego cogito, ergo sum”を、哲学の公理命題として把握しているのではないであろうか。『方法序説』における「『私は考えている、だから私は有る』という真理」をもって自分の「〈哲学〉の第一の原理」とするという言明にも、デカルトが“je pense, donc je suis”を公理命題――論理学・数学の諸公理（永遠真理）とは意味合いを異にする、哲学の公理命題――として受け止めている様子が、窺われる。ともかくも、『方法序説』において、デカルトは、「私は考えている、だから私は有る」という命題を、「考えるためには有ることが必要である」という公理（永遠真理）と一体的な、論理学・哲学の諸公理（永遠真理）と同等に直観的に明証的な、綜合命題（a synthetic proposition）として定式化している。

第二節　『ビュルマンとの対話』に即して

「我思惟す。ゆえに我在り」という命題について、本節では、『ビュルマンとの対話』に即して考察することとする。『ビュルマンとの対話』に付されている元々の表題は、『増補版　デカルト著作集』４に従って記せば、「彼の『省察』その他からのいくつかのむずかしい問題にたいする彼自身から聞き出された／ルネ・デカルトの解答／ビュルマンによって。／彼は四月二十日にアムステルダムでクラウベルクにその内容を伝え、私自身クラウベルクの写本からドルトレヒトで七月十三日と十四日に筆写した。／エフモントにて　一六四八年四月十六日」（三宅徳嘉・中野重伸訳『ビュルマンとの対話』。『増補版　デカルト著作集』４、三三七ページ）である。『ビュルマンとの対話』においては、デカルトの自我命題「我思惟す。ゆえに我在り」の定式化に関しては、「第二答弁」の「私たちがしかし自分が考える事物であることに気づくとき、それはどんな三段論法からも結論されないまさしく最初の知見なのである。すなわち誰かが「私は考える、故に私は有る、あるいは存在する」と言うとき、彼は存在を思考から三段論法によって演繹するのではなくて、それをそれ自体によって知られることとして精神の単純な直観によって認知する。*」（三宅徳嘉・中野重伸訳『ビュルマンとの対話』。『増補版　デカルト著作集』4、三三九ページ。所雄章訳「第二反論と答弁」の訳文は、同著作集、2、一七二ページ）という記述についての、ビュルマンの「しかし『〔哲学〕原理』第一部の一〇には、それと反対のことが提起されているのではないでしょうか」というビュルマンの問いに対する、デカルトの答えが、次のように記されている（三宅徳嘉・中野重伸訳『ビュルマンとの対話』。以下、『増補版　デカルト著作集』4、三四〇ページ。〔　〕内は、訳書による。AT V, 147）。「『私は考える、故に私は有る［cogito ergo sum］』という結論の前に、『すべて考えるものは有る［quicquid cogitat, est］』という大前提を知ることができます。なぜなら、事実この前提は私の結論より先にあり、私の結論はそれにもとづくからです。／こういうわけで『原理』では、著者はこの大前提が先立つと言っています。もとより、暗黙のうちにいつでもそれが前提されており、それが先立っているからなのです。しかしだからといっていつでもはっきりとあからさまにそれが先立つことを私が認識したり、自分の結論より先に知ったりするわけではありません。もとより、『私は考える、故に私は有る［cogito, ergo sum］』というように、私自身のうちに経験するものにだけ私は注意を向けるのであって、そのように『すべて考えるものは有る［quicquid cogitat, est］』という一般的な知見に注意を向けるのではないからなのです。というのも、先に述べたように、私たちはこれらの命題を個別的なものから切り離さないで、個別的なものにおいて考察しているのです。そしてこの意味にこそ、ここ一五五〔一七二〕ページに引用されたことばは理解されなければならないのです」
（〔　〕内は、訳書による。『省察』第二版を手元に置いての対話である。〔　〕内の一七二は、『増補版　デカルト著作集』2でのページを示す）。

『哲学原理』、第一部、第一〇節においては、デカルトが「第二答弁」で述べた、「私は考える、故に私は有る、あるいは存在する」という命題は、三段論法によって演繹された推理命題ではなくて、「精神の単純な直観」によって認知された命題である、とする考えは退けられて、「それと反対のこと」が提起されているのではないか、というビュルマンの問い掛けに、デカルトは、「私は考える、故に私は有る」という結論」という言い回しを用いながらも、曖昧な答え方をしている。確かに、デカルトは、「「すべて考えるものは有る」という大前提」が真であることを想定してビュルマンの問いに答えている。しかし、右に引用したデカルトの答えを読むとき、デカルトは「「すべて考えるものは有る」という大前提」という言葉を、必ずしも三段論法の大前提の意味で用いているわけではないように、思われる。あるいは、デカルトは「「すべて考えるものは有る」という大前提」を、「私は考える、故に私は有る」という命題を構成している、「私は考える」、「私は有る」という二つの《小命題》に対する《大命題》の意味で用いようとしているのかもしれない。もしそこで三段論法が念頭に置かれているのであれば、デカルトは、「故に私は有る」という命題を三段論法の「結論」と考えるはずであり、「「私は考える、故に私は有る」という結論」という言い回しをしなかったはずである。したがって、そこでも、デカルトは、

「私は考える、故に私は有る、あるいは存在する」という命題を「精神の単純な直観」によって認知された命題であるする、「第二答弁」における所説をそのまま保持していたはずである。そこでは、デカルトは、「「すべて考えるものは有る」という大前提（＝命題）」を、「「私は考える、故に私は有る」という結論（＝命題）」を保証する大命題＝公理として、提示しているのである。我々はそのことを、右の引用文に読み取ることができる。

右の段落に引用した、ビュルマンの問いに対するデカルトの答えの、「もとより、「私は考える、故に私は有る」というように、私自身のうちに経験するものにだけ私は注意を向けるのであって、そのように「すべて考えるものは有る」という一般的な知見に注意を向けるのではないからなのです。というのも、先に述べたように、私たちはこれらの命題を個別的なものから切り離さないで、個別的なものにおいて考察しているのです」という箇所に注目しよう。そこには、『純粋理性批判』第二版の誤謬推理論の先に言及した脚注（B 422 f.）における、「我考う」ないし「我存在す」を存在命題と解するカントの考えとほぼ同一の考えが、示されている。更に、そこには、『純粋理性批判』第一版の誤謬推理論の終末部で提示されている「「我在り」という個別的表象（die einzelne Vorstellung, Ich bin）」（A 405）という概念を連想させる、「個別的なもの」という言葉の使用例が認められる。そこでは、「私は考える、故に私は有る」は、「〔私が〕私自身のうちに経験するもの」として、換言すれば「個別的なもの」において認知される命題として把握されているのである。ちなみに、『ビュルマンとの対話』に引用された、前々段落の引用文中の私が＊

を付した、「第二答弁」の記述は、次のように続く。一部重複する形で引用する。「……また、誰かが「この私は思惟する、ゆえに私はある、言うなら私は存在する」と言うという場合には、彼は、〔彼の〕存在をば〔彼の〕思惟から三段論法によって演繹するのではなくて、あたかも自ずからに識られた事物《もの》として精神の単純な直視によって認知するのであり、そのことは、存在を三段論法によって演繹するというのであれば、彼はそれよりも先に「思惟するところのものはすべて、ある、言うなら存在する[illud omne, quod cogitat, est sive existit]」というこの大前提を識っていなければならなかったということになろう、ということよりして明らかであります。けれども〔それとは反対に〕、まさしく彼の存在をばむしろ彼は、彼自身のうちにおいて彼が、存在するというのでないかぎりは思惟するということはありえぬ、と経験するということから、学び知るのです。というのは、一般的な命題を特殊なものの認識から形造るということ、それがわれわれの精神の本性であるからです[Ea enim est natura nostræ mentis, ut generales propositiones ex particularium cognitione efformet]」（所雄章訳「第二反論と答弁」。『増補版　デカルト著作集』2、一七二ページ。〔　〕内は、訳書による。AT VII, 140 - 141）。ここでは、「まさしく彼の存在をばむしろ彼は、彼自身のうちにおいて彼が、存在するというのでないかぎりは思惟するということはありえぬ、と経験するということから、学び知るのです」と述べられている。「この私は思惟する、ゆえに私はある、言うなら私は存在する」ということを、我々は個別的経験によって学び知る、と言うのである。

第三節　思惟実体の概念を巡って

ここで『省察』に戻って、それの「反論と答弁」に即してデカルトの自我実体論（思惟実体論）について考察することにしよう。「〔イギリスの或る著名な哲学者（トマス・ホッブズ――引用者）によって唱えられた〕／第三の反論／著者の答弁を付す」（所雄章編修「反論と答弁」の、福居純訳「第三反論と答弁」。『増補版　デカルト著作集』2、二〇七‐二四〇ページ。〔　〕内は、訳書による）の、「第三の反論」の「反論　二」、すなわち「二「第二省察　人間的精神の本性について」に対する／反論二」の冒頭で、ホッブズは、デカルトが《自我》を「思惟する事物《もの》」として把握したことにそれなりの意義を認めて、次のように述べている。「「私とは、〈断然〉思惟する事物《もの》である〈しかない〉。」まさにそのとおりです。というのも、私は思惟するということ、言うなら、私は或る表像をもつということから、私が目覚めていようと眠っていようと、私は思惟しつつあるということが論決されるからです。すなわち、《私は思惟する [cogito]》と《私は思惟しつつある [sum cogitans]》とは、同じことを意味するのです。〔さらに〕私は思惟しつつあるということから、「私はある [Ego sum]」ということが帰結します。なぜなら、思惟するものは無ではないからです」（『増補版　デカルト著作集』2、二〇九ページ。AT VII, 172）。ただし、ホッブズは、「思惟する事物《もの》」

についてのデカルトの論を肯定しているわけではない。「第三の反論」の「反論　二」の記述は、次のように続く。「しかしながら、それ［私とは、思惟する事物《もの》であるということ］に加えて、「言いかえるなら、精神〈であって〉、〈これを〉心〈と言っても〉、知性〈と言っても〉、理性である〈と言ってもよい〉」と言われるとき、疑問が生じてきます。というのは、《私は思惟しつつある[ego sum cogitans]》、ゆえに《私は思惟である[sum cogitatio]》、あるいはまた、《私は理解［知解］しつつある[ego sum intelligens]》、ゆえに《私は知性である[sum intellectus]》、という論証は、正しいとは思われないからです。というのも、私は同じようにして、《私は歩行しつつある》、ゆえに《私は歩行である》、と言うこともできるでしょうから。* そうであるならば、デカルト氏は、理解［知解］する事物《もの》と理解［知解］する働きである知性作用とを同じものと考えておられる、あるいは少なくとも、理解［知解］する事物《もの》と理解［知解］する力能である知性とを同じものとみなしておられるわけです。しかし、すべての哲学者は主体［基体］をそれの能力および働きから、すなわちそれの固有性および本質から区別しております。というのは、《存在《もの》》とそれの《本質》とは別のものだからです。そうならば、思惟する事物《もの》は、精神の、理性の、ないしは知性の主体［基体］であるということも、またそれゆえ物体的な或るものであるということも、ありうるわけです。［ところが］、それと反対のことが容認されていて、証明されていないのです。しかしそれにもかかわらず、このような推断にこそ、デカルト氏の導こうとされるかに見える結論の基礎があるのです」（『増補版　デカルト著作集』2、二〇九 - 二一〇ページ。AT VII, 172 - 173）。

右の段落の引用文中の、私が＊付した箇所でのホッブズの指摘に対して、デカルトは「第三の反論」の「反論　二」に対する「答弁」で、次のように答えている。「さらに、ここで、歩行と思惟とのあいだにはいかなる類似性もありません。なぜならば、歩行は単に行為そのものとしか解されないのが常です。〔が、〕思惟は、或るときは行為として、或るときは能力として、また或るときはこの能力をうちに有する事物《もの》として、解されるからです [cogitatio interdum pro actione, interdum pro facultate, interdum pro re in quâ est facultas]」（福居純訳「第三反論と答弁」。『増補版　デカルト著作集』2、二一一ページ。〔　〕内は、訳書による。AT VII, 174）。ちなみに、「第三の反論」の「反論　二」における《歩行》の例示[7]は、「第二省察」の第五段落、すなわち、「それでは、私とはいったい何であると、従来は私は考えたのか。」（『増補版　デカルト著作集』2、三九ページ。AT VII, 25）という書き出しで始まる段落の、「それに加えて〔＝「私が顔や手や腕、そしてもろもろの肢体より成るこの機構全体（すなわち、身体―引用者）、をもつということ」に加えて〕立ち現われてきたのは、私が栄養をとり、歩行し、感覚し、思惟するということであって、これらの活動をば霊魂へと私は関係づけていたのである」（『増補版　デカルト著作集』2、三九ページ。AT VII, 26）という記述における、「歩行する」という言葉を念頭に置いてなされたものである。「第二省察」、及び「第三の反論」の「反論　二」に対する「答弁」における、「思惟する事物《もの》」ないし「思惟」についてのデカルトの論は、ピエール・ガッサンディによる「第五反論」に対するデカルトの答弁、すなわち「第五反論に対する著者の答弁」（所雄章編修「反論と答弁」の、増永洋三訳

「第五反論と答弁」。『増補版　デカルト著作集』2、四二二‐四七〇ページ）における、「思惟」のみが形而上学的確実性をもって確知され得ること、したがって「精神の存在」のみが形而上学的確実性をもって推断され得ることを主張する、次のような記述とも、緊密なつながりを有するはずである。デカルトは、次のように述べている。「……というのは、「私はどのようなそのほかの私の活動からも同じことを導き出すことができたのである」とあなたが言われるその場合は、はるかに真実からあなたは遠ざかっておられるからでして、それというのも、独り思惟のみを別にすれば、いかなる私の活動もおよそ私は確知することがないのですから。（つまり［確知しないと言っても、それは］、かの形而上学的確実性においてのことですが、独りそれのみがここでは問題なのです）。たとえば、「私は歩行する、ゆえに私はある」、ということを、歩行することの意識が思惟であるというかぎりにおいてでなければ、推断することは許されないのでありまして、独り思惟についてのみこの推断は確実です、が、身体の運動については、そうはゆきません。［何故ならば、］夢のなかでは［そうであるように］時として私には［自分が］歩行していると思われるその場合にもしかしまた、いかなる身体の運動も、［実際には］ないということがあるのです［から］。かくて、私が私は歩行していると考えるというそのことからは、りっぱに私は、そう考えているところの精神の存在を推断することはできます、が、しかし、歩行するところの身体の存在を推断することはできません。しかるに、その他の場合についても事情は同様です」（増永洋三訳「第五反論と答弁」。『増補版　デカルト著作集』2、四二七ページ。AT VII, 352）。なお、『哲学原理』、第一部、

第九節「思考とは何か。」（『増補版　デカルト著作集』3、三六－三七ページ）が、「第五反論に対する著者の答弁」の、本段落に引用した記述と、内容的に等価であることを、付記しておく。

　さて、本節の冒頭の段落に全文を引用した、「第三の反論」の「反論　二」の第一段落においては、ホッブズは、デカルトが「第二省察」で提示している「思惟する事物《もの》」の概念が実質的には《思惟実体》の概念であることを度外視して、「第二省察」に対する反論を呈している。ホッブズによれば、デカルトは「理解［知解］する事物《もの》」と「理解［知解］する力能である知性」とを同一視してしまっている。ホッブズは、「しかし、すべての哲学者は主体［基体］をそれの能力および働きから、すなわちそれの固有性および本質から区別しております。というのは、《存在《もの》》とそれの《本質》とは別のものだからです」という記述に明言されているように、「理解［知解］する働きである知性作用」をも含めて一切の《作用》には、その《作用》とは別に、それの《基体》が存するはずであると考えているのである。デカルトの《思惟実体》の概念は、ホッブズの言い回しに倣って言えば、「知性作用」（思惟）において「《存在《もの》》とそれの《本質》」とが同一である、実体の概念である。そのような実体の概念を受け入れることは、ホッブズにとって、困難であった。更に、唯物論の立場を保持するホッブズにとっては、デカルトが「思惟する事物《もの》」を「物体的な或るもの」として把握しない限り、「思惟する事物《もの》」についてのデカルトの考えを受け入れることは、困難であったはずである。

　ホッブズによる「第三の反論」の「反論　二」に対する「答弁」の冒頭に、デカルトは、「私が、「言いかえるならば、精神、心、知性、理性、云々」、と言った箇所において、私はそうした名称でもって、単なる能力を知解していたのではなくて、思惟する能力を具えている事物《もの》[res facultate cogitandi præditas] を知解していたのです」（福居純訳「第三反論と答弁」。『増補版　デカルト著作集』2、二一一ページ。AT VII, 174）と記している。「精神」を res cogitans として、「物体」を res extensa として把握しているデカルトにしてみれば、デカルトの『省察』においては、「理解〔知解〕する事物《もの》」の概念が真の基体＝実体の概念として成立していない、ということを指摘するホッブズの反論は、全く腑に落ちなかったに違いない。「第三の反論」の「反論　二」に対する「答弁」において、デカルトは、以下のように述べている。

○「私は、知解する事物《もの》と知性作用とが同じものであるとは言っていませんし、また知解する事物《もの》と知性とについても、知性が能力と解されるとするならば、それらが同じものだとすら言わず、単に知性が知解するところの事物《もの》そのものと解されるときにのみ、同じものだと言っているのです。ところで、私は率直に認めますが、事物《もの》ないしは実体を、それに属さないすべてのものから切り離して指し示したいために、能うかぎり〔単純かつ〕抽象的な言葉を使用したのです、が、あたかもこれとは逆に、この哲学者〔ホッブズ〕は、そうした思惟する事物《もの》を指し示すために、「基体」、「物質」、「物体」といった、能うかぎり具体的〔かつ複合的〕な言葉を使用して、それ〔思惟する事物《もの》〕が物体から引き剝がされるのを許すまいとしておられるのです」（『増補版　デカルト著作集』2、二一一ページ。〔　〕内は、訳書による。AT VII, 174）。

○「その後で、彼（ホッブズ―引用者）は正しくも言われます、「われわれは、いかなる働きをもそれの基体なしには概念しえない」、たとえば、思惟を思惟する事物《もの》なしには概念しえない、それというのも、思惟するものは無ではないから、と。しかし、それに付け加えて、「ここから、思惟する事物《もの》は物体的な或るものである、ということが帰結するように思われる」、と言われますが、これは、いかなる道理もなく、またおよそ話法の慣用や論理に反しています。「というのは、すべての働きの基体は、」なるほど、実体という視点［根拠］のもとで（あるいはさらに、もしお望みなら、「物質［質料］」、つまり形而上学的な物質、「という視点のもとで」すら）、「知解されます」、が、しかしそれだからといって、当の基体が物体という視点のもとで知解されるわけではないからです」（『増補版　デカルト著作集』2、二一二ページ。AT VII, 175）。

デカルトは、「第二反論に対する答弁」においても（『増補版　デカルト著作集』2、一六二ページ、参照。cf. AT VII, 131-132）、「第三の反論」の「反論　二」に対する「答弁」においても（『増補版　デカルト著作集』2、二一二ページ、参照。cf. AT VII, 175）、「第六省察」において初めて、「精神」と「身体」（「物体」）との「実在的区別」が、したがって「精神」及び「身体」（「物体」）の実体性が論証されていることを、強調している。それに従って考えても、我々は、「第二省察」の、「私はしかし、真なる事物《もの》で、真に存在する事物《もの》である。しかし、どのような事物《もの》であるか。私は言った、思惟する事物《もの》、と。」（『デカルト著作集』2、四一ページ）という記述においては、「思惟する事物《もの》」＝「精神」が、まだ人間の思惟作用の《基体》＝《実体》として規定されていない、と理解すべきである。したがって、「第二省察」に対する反論である「反論　二」においてホッブズが、デカルトは「理解〔知解〕する事物《もの》」の概念を真の基体＝実体の概念として確立していない、ということを指摘しているのは、或る意味ではもっともなことである。ちなみに、「第二省察」においては、右に引用した「……私は言った、思惟する事物《もの》、と。」という記述に続く、「そのうえに〔私には〕何〔が属しているであろう〕か。想像〔力を働か〕してみよう」（『増補版　デカルト著作集』2、四一ページ。〔　〕内は、訳書による。AT VII, 27）という記述で始まる段落以下においては、主題は、「精神」についての論考から「物体」についての論考に移行している。デカルトは、「第二省察」において「精神」についての論考を旨とする自我論から、いわゆる「蜜蠟の比喩」を用いての物体論へ移行する際、「精神」を《思惟実体》として把握する、己の考えを前面に押し出すことを差し控えている。しかし、そこにおいても、「思惟する事物《もの》」は、思惟作用の《基体》として、したがって《思惟実体》として把握されているはずである。デカルトに従えば、「精神」と「身体」（「物体」）との「実在的区別」の論証を踏まえない限り、「精神」、「身体」（「物体」）に「実体」という術語を当てはめることは妥当でない、ということになる。しかし、「第二省察」においても、「思惟する事物《もの》」としての「自我」＝「精神」は、実質的には、思惟作用の基体＝実体として把握されているはずである。ホッブズは、その点を看過している。「物体」「第三の反論」の「反論　二」に対する「答弁」は、次のような記述で結ばれている。

（延長実体）ついての論述に続く記述である。「次には、われわれが《思惟的〔知性的〕》と呼ぶ、他の働きがあり、たとえば、知解する、意志する、想像する、感覚する等々が、すなわちそれであって、これらはすべて、思惟、ないしは知得、ないしは意識〔および認識〕という共通の視点〔根拠〕のもとに、〔相互に〕合致しております。かくて、これらの働きの内在する実体を、われわれは《思惟する事物《もの》》、ないしは《精神》と言うのであり、あるいはまた、それ〔当の実体〕を物体的実体と混同しさえしなければ──なぜかというに、思惟的働きは物体的働き*といかなる類縁をももってはいないのであって、一方の共通根拠である思惟は他方の共通根拠である延長とは全面的に相異なっているからです──、他のいかなる名称ででも〔呼ぶことができます〕。実はしかし、これら二つの実体についての二つの判明な概念をわれわれが形成した後では、「第六省察」において言われたところよりして、それらの実体が一つの同じものであるか、それとも別個のものであるかをわれわれが認識するのは容易なことなのです」（『増補版　デカルト著作集』2、二一三−二一四ページ。〔　〕内は、訳書による。AT VII, 176）。右の引用文に即して考える限り、『省察』で、「第六省察」に先行して提示されている、「思惟する事物《もの》（res cogitans）」・「延長する事物《もの》（res extensa）」の概念が、実質的には《思惟実体》・《延長実体》の概念であることは、明確である。すなわち、「思惟する事物《もの》」は「思惟的働き」が内在する実体として、「延長する事物《もの》」は「物体的働き」が内在する実体として把握されているはずである。（右の引用文中の、私が＊を付した「物体的働き」に関しては、右の引用文の直前に、次のような記述がなされている。「しかるに、われわれが《物体的》と呼ぶ若干の働きがあり、たとえば、大きさ、形状、運動、および場所的延長なしには思惟されることのできない他のすべてのものが、すなわちそれであります。かくて、これらの働きの内在する実体を、われわれは《物体》と呼ぶのであって、形状の基体と場所的運動の基体等々とが別々の実体である、と仮想されることはできないのですが、それというのも、これらすべての働きは、延長という一つの共通の視点〔根拠〕のもとに、〔相互に〕合致しているからです」(『増補版　デカルト著作集』2、二一三ページ。〔　〕内は、訳書による。AT VII, 176)。

第四節　カント解釈との関連において

ここで、「第三の反論」の「反論　二」に記されている、ホッブズの、「すなわち、《私は思惟する》と《私は思惟しつつある》とは、同じことを意味するのです」という前引の文章について、カント解釈との関連において考察しておきたい。

カントは『純粋理性批判』第二版の誤謬推理論で、「我、思惟しつつ存在す(ich existiere denkend)」(B 420)という命題を記している。「我思惟す。ゆえに我在り」というデカルトの自我命題は、デカルトからカントに至る時代の、ヨーロッパの何人もの哲学者たちによって、このようにも定式化されていたはずである。カントは「我、思惟しつつ存在す」という自我命題を、

『省察』の「反論と答弁」やスピノザ『デカルトの『哲学原理』』を典拠にして定式化した、とも考えられるが、あるいはカント自身の判断に基づいて定式化した、と考えるべきであるかもしれない。『純粋理性批判』第一版の誤謬推理論にも、「勘違いされたデカルトの cogito, ergo sum という推理は、das cogito (sum cogitans) は実在（die Wirklichkeit）〔＝思惟する我の実在〕を直接的に言い表しているゆえ、実際は同意異語の反復である」（A 355）という記述が認められる。そこでカントが指摘しているように、“cogito”は、即ち“sum cogitans”なのであり、“ego cogito, ergo sum”は、即ち“ego sum cogitans”なのである。私が参考にしている、デカルトの著作の英訳書では、『哲学原理』、第一部、第七節、第一〇節の“ego cogito, ergo sum”という命題は、“I am thinking, therefore I exist”と英訳されている。[8] “I am thinking, therefore I exist”は、それを単一命題として定式化すれば、“I exist as thinking”である。[9] これは、ドイツ語に置き換えれば、“ich existiere denkend”という、カントが定式化した自我命題になる。ちなみに、M・ワイゲルトは『純粋理性批判』の英訳書の訳注で、『純粋理性批判』第一版の誤謬推理論に記されている“das cogito (sum cogitans)”という語句の“sum cogitans”に、“I am (as) thinking”という訳語を当てている。[10]

ホッブズが、「すなわち、《私は思惟する [cogito]》と《私は思惟しつつある [sum cogitans]》とは、同じことを意味するのです」と記した際、《思惟作用》についても、それはそれの《基体》なくしては成立し得ないと考える彼は、《思惟する自我》の《存在》について、デカルトやカントのように明確には意識していなかったかもしれない。換言すれば、その際、ホッブズは、「私は思惟しつつある [ego sum cogitans]」という命題を、存在命題とは考えないで、「私は思惟する」という、《思惟する自我》の自己意識命題と等意の命題と考えていたかもしれない。《思惟作用》の《基体》について、デカルトがそれを究明していないと言って、唯物論の立場からデカルトに、《思惟作用》にもそれの《物質的基体》が存するはずであることを説得しようとするあまり、ホッブズは、デカルトの「思惟する事物《もの》」の概念が、「物体的な事物《もの》」（延長実体）とは全く属性を異にする《実体》（思惟実体）の概念であることを看過している。ただし、『省察』においては「思惟する事物《もの》」の概念が基体＝実体の概念として成立していないというホッブズの指摘は、「思惟する自我」の実体性を「我考う（Ich denke）」＝「我思惟す（ego cogito）」に基づいて論証することは不可能であることを指摘した、誤謬推理論におけるカントの考えにつながる、とも考えられ得る。そして、ホッブズが、「私は思惟する [cogito]」と「私は思惟しつつある [sum cogitans]」とが等意命題であることを確認したことは、『純粋理性批判』第二版の誤謬推理論における、「我、思惟しつつ存在す」というカントの自我命題の定式化を先駆している。ともかくも、カントは、『純粋理性批判』第二版の誤謬推理論においては、「我考う」を「我、思惟しつつ存在す」という明確な存在命題として把握している。

注

(1) 本書においては、『純粋理性批判』、「超越論的弁証論」の「純粋理性の諸誤謬推理について」の章を、原則として、「誤謬推理論」と記すこととする。

(2) 『省察』第一版、第二版の表題の日本語表記は、『デカルト著作集』2、五一二ページの、所雄章氏執筆「解説」での表記による。

(3) この点に関連して、既に「第三省察」の第二一段落で、「〔実は〕しかし、物体的な事物《もの》の観念において明晰かつ判明なもののうちの或るもの〔ども〕は、つまり実体と持続と数とこの種の——もしそういうものがあるなら——他のものは、私自身の観念から借りてこられえたと私には思われる。というのも、私が、石は実体であると、言うならそれ自身によって存在しうる事物《もの》であると、思惟し、またさらには、私は実体であると、思惟するという場合、私は思惟する事物《もの》であって延長する事物《もの》ではないと、石は〔実は〕しかし延長する事物《もの》であって思惟する事物《もの》ではないと、私は概念しているのであって、したがってそれら両つの概念の間にはいとも大きな差異がありはするものの、実体という点ではしかし〔それでも〕両者は一致すると思われるし、そしてさらには、私が、私の現にあることを知得し、かつ以前にまた或る期間は私のあったことをも想起するという場合、また、さまざまの思惟を私がもっていてその数を私が知解しているという場合、私は持続と数との観念を獲得するのであって、その後ではそれらを他のどのような事物《もの》へでも移すことが私にはできる、からなのである。云々」(『増補版　デカルト著作集』2、六二ページ。AT VII, 44-45)という、「思惟する事物《もの》」、「延長する事物《もの》」が「実体」であるということを前提にした記述がなされていることを、付記しておく。

（4）『純粋理性批判』第二版、四二二‐四二三ページの脚注で「我考う」が「我存在す」をそれ自身の内に含んでいる」「経験的命題」と解されているのは、「我考う」が、「我の存在（meine Existenz）」の知覚を含んでいるという点において知覚命題であり、したがって「経験的命題」であるからである。それに即して考えれば、『純粋理性批判』第二版の「観念論論駁」で「我在り」が「一つの経験的主張」と解されているのも、「我在り」が知覚命題であるからである。

（5）「共通概念あるいは公理」については、『哲学原理』、第一部、第四九節の、次のような記述を参照されたい。「ところで、無から何ものかが生じてくることはありえない、ということをわれわれが認めているとき、この「無からは何ものも生じない」という命題は、何か存在する事物としても、また事物の様態としても考えられないが、しかしわれわれの精神のうちに座を占める何らかの永遠な真理と考えられ、共通概念あるいは公理と呼ばれるのである。この類に属するものとしては、「同じものが同時に存在し、かつ存在しないことは不可能である」とか、「いったん起こったことは、起こらなかったことではありえない」とか、「考えるものは、考えている間は存在しないことはできない [Is qui cogitat, non potest non existere dum cogitat]」とかなど、他にも無数にあり、云々」（『増補版　デカルト著作集』3、五九ページ。AT Ⅷ-1, 23‐24）。ちなみに、『哲学原理』におけるこの記述は、「第二反論に対する答弁」における次のような記述に対応するものである。「これらのもの［ども］のうちの或るもの［ども］はと言えば［しかし］、すこぶる分明であり、と同時にすこぶる単純であって、けっしてわれわれはそれらについては、それらが真であると信ずることなしには、思惟することができません。たとえば、この私は、私が思惟するその際には、存在する [quòd ego, dum cogito, existam]、ということとか、一度なされたことは、なされなかったことたりえない、ということとか、この類いのものが、すなわちそれなのであって、こういうものについてあの確実性［ないしは確信］がもたれるということは、明瞭です。云々」（『増補版　デカルト著作集』2、一七八ページ。AT VII, 145）。『省察』、「第二反論に対する答弁」と『哲学原理』、第一部から本注に引用したいずれの記述においても、『哲学原理』、第一部、第一〇節に記されている、「考えるものが存在しないことはありえない」という哲学の公理への言及がなされていることに、留意されたい。なお、デカルトが数学の公理を念頭に置いて、「公理」と同義の用語として「共通概念」という言葉を使用していることは、『哲学原理』、第一部、第一三節の、次のような記述において明らかである。「また精神は、何らかの共通概念を見いだし、これらの概念によって、さまざまな証明を構成するのであって、これらの共通概念に注意している間は、それらの証明が真であることをまったく確信する。たとえば、精神は自己のうちに数や形の観念をもっており、また共通概念のうちには、「たがいに等しいものに、たがいに等しいものを加えれば、そこからでてくるものはたがいに等しい」などがある。これらから、三角形の三つの内角の和は二直角に等しい、などが容易に証明される。したがって、精神は、かような証明がそこから演繹された前提に注意している間は、この証明やそれに類するものが真であることを確信する」（『増補版　デカルト著作集』3、三九ページ。AT Ⅷ-1, 9）。なお、『方法序説』、第四部、第三段落の「そしてこの「私は考えている、だから私は有る」ということのなかには、私の言っていることがほんとうだと保証してくれるものは、考えるためには有ることが必要だとひじょうにはっきりわかっていること以外には何もないのを見てとって、私はつぎのように判断しました。私たちがきわめてはっきりとまぎれなくつかむものはどれもみなほんとうだということを一般的な規則とみなしていい、しかし私たちがまぎれなくつかむものはどんなものであるかをよく見分けるのに、ただむずかしい点がいくらかあると。」（『増補版　デカルト著作集』1、三九‐四〇ページ。AT VI, 33）という記述に記されている、「考えるためには有ることが必要である」という命題は、『哲学原理』、第一部、第一〇節で「最も単純な概念」の一つとして例示されている、「考えるものが存在しないことはありえない」（以下、『増補版　デカルト著作集』3、三七ページ。AT Ⅷ-1, 8）という命題――同節においては、この命題は、「私は考える、ゆえに私はある」という推理命題において暗黙裏に想定されている大前提と解されている――と内容的に等価である。ただし、『方法序説』、第四部においては、「考えるためには有ることが必要である」という命題は、「私たちがきわめてはっきりとまぎれなくつかむものはどれもみなほんとうだということを一般的な規則とみなしていい」ということを導く文脈において記されているのであって、「私は考えている、だから私は有る」という命題の大前提――この命題を推理命題と解した場合の、大前提――として提示されているわけではない。しかし、「考えるためには有ることが必要である」という公理が「私の言っていること〔すなわち「私は考えている、だから私は有る」ということ〕がほんとうだと〔真に〕保証してくれるもの」であるということは、或る意味で、「考えるためには有ることが必要である」という公理が、「私は考えている、だから私は有る」という命題の大前提――この命題を推理命題と解した場合の、大前提――であるということでもある。ただし、『方法序説』においては、「私は考えている、だから私は有る」という命題が、「私たちがきわめてはっきりとまぎれなくつかむものはどれもみなほんとうである」という「一般的な規則」――明証性を真理の規準とする規則――に則して、したがって直観命題として定式化されていることも、事実である。

（6）「第二反論に対する答弁」におけるデカルトの「……が、われわれがわれわれは思惟する事物《もの》であることに気づくという場合はと言えば、それはいかなる三段論法よりしても結論されることのない或る種の第一の知見でありますし、また、誰かが「この私は思惟する、ゆえに私はある、言うなら私は存在する」と言うという場合には、彼は、〔彼の〕存在をば〔彼の〕思惟から三段論法によって演繹するのではなくて、あたかも自ずからに識られた事物《もの》として精神の単純な直視によって認知するのであり、そのことは、存在を三段論法によって演繹するというのであれば、彼はそれよりも先に「思惟するところのものはすべて、ある、言うなら存在する」というこの大前提を識っていなければならなかったということになろう、ということよりして明らかであります。けれども〔それとは反対に〕、まさしく彼の存在をばむしろ彼は、彼自身のうちにおいて彼が、存在するというのでないかぎりは思惟するということはありえぬ、と経験するということから、学び知るのです。というのは、一般的な命題を特殊なものの認識から形造るということ、それがわれわれの精神の本性であるからです」（所雄章訳「第二反論と答弁」の、「第二反論に対する答弁」。『増補版　デカルト著作集』2、一七二ページ。〔〕内は、訳書による。AT VII, 140－141）という記述の本旨は、「この私は思惟する、ゆえに私はある、言うなら私は存在する」という命題は直観命題である、ということである。

（7）《歩行》の例示は、所雄章編修「反論と答弁」の、増永洋三訳「第五反論と答弁」の、「第五反論」及び「第五反論に対する著者の答弁」にも認められる。『増補版　デカルト著作集』2、三一四－三一五ページ（AT VII, 261－262）、及び四二七ページ（AT VII, 352）、参照。

（8） René Descartes, *Meditations and Other Metaphysical Writings*, translated with an Introduction by Desmond M. Clarke, Penguin Books, London, 1998, 2000, 2003, pp. 114, 115.

（9） M・ワイゲルトは『純粋理性批判』の英訳書で、"ich existiere denkend"を、"I exist as thinking" あるいは "I exsist thinking" と英訳している。Cf. Immanuel Kant, *Critique of Pure Reason*, translated, edited, and with an Introduction by Marcus Weigelt, based on the translation by Max Müller, Penguin Books, London, 2007, pp. 351, 369, 372.

（10） Immanuel Kant, *Critique of Pure Reason*, translated, edited, and with an Introduction by Marcus Weigelt, based on the translation by Max Müller, p. 688.

第五章　カントの自我論

第一節　自我の個別性について

『純粋理性批判』の「超越論的弁証論」の、第一版の「純粋理性の諸誤謬推理について」(以下、「誤謬推理論」と記す)の章の終末部に記されている「「我在り」という個別的表象(die einzelne Vorstellung, Ich bin)」(A 405)という言葉に注目して、誤謬推理論について考察してみたい。誤謬推理論の研究は、私のカント研究における最も主要な課題であった。したがって、私は自著の中で、何度も誤謬推理論についての論究を試みてきた。本編では、第四章においてデカルトの自我論についての論究を行なったので、論脈上、本章において再度、カントの誤謬推理論についての論究を試みたい。ちなみに、ペンギン・クラシックス版のM・ワイゲルト訳『純粋理性批判』の英訳書(1)(以下、「ワイゲルト訳『純粋理性批判』」と記す)では、"die einzelne Vorstellung, Ich bin" には "the singular representation, I am" という訳語が当てられている。「「我在り」という個別的表象」という、『純粋理性批判』の中でここでしか用いられていない言い回しは、自我の個別性を念頭に置いてなされたものである。ここに記されている「我在り」は、超越論的統覚「我考う」の言い換えであると考えて差し支えない。『純粋理性批判』第二版では、カントは、同書、第一版に従って考えれば「我考う」という言葉を用いるべき幾つかの箇所[2]においても、「我在り」という言葉を用いている。そして、『純粋理性批判』第一版に即して見る限り、カントの超越論的哲学においては、「我考う」、「我在り」は、共に叡知的自我意識として把握されている。「我考う」は《思惟》における叡知的自我の自己意識であり、「我在り」は《存在》における叡知的自我の自己意識である。（『純粋理性批判』第二版においては、「「我考う」は、既述のように、経験的命題であり、そして、「我存在す」という命題をそれ自身の内に含んでいる」（B 422 Anm.）という記述に認められるように、カントの思惟は、「我考う」、「我在り」を叡知的自我意識として把握する立場を超越する方向性を示している。しかし、その場合にも、「なぜなら、私が「我考う」という命題を経験的命題と呼んだ際、私はそれによって、この命題における「我」が経験的表象であるということを言おうとしたのではないということが、看過されてはならないのだから。それどころか、この「我」という表象は、思惟一般に属するがゆえに、純粋に知性的である」（B 423 Anm.）という記述が指摘しているように、「我考う」、「我在り」（「我存在す」）を叡知的自我の自己意識として把握する立場は、基本的には維持されているのである。[3]）『純粋理性批判』第二版でカントが、本来なら「我考う」という言葉が用いられるべき箇所の幾つかで「我在り」という言葉を用いているのは、カントがデカルトの自我命題「我考う。[4]ゆえに我在り」を念頭に置いて自我についての考究を行なっていることによる。カントは、デカルトの「我考う。ゆえに我在り」という自我命題における「我考う」と「我在り」とを等意命題＝同一命題として把握しているのである。「我考う。ゆえに我在り」は、形式上は「ゆえに」という接続語を挿んだ推論命題であるが、実質的には、カントが考えるように、同意異語の反復命題である、と解釈することもできる（vgl. A 355）。ただし、デカルトは、この命題を彼の方法論的懐疑の極限において定式化し得た、と述べている。この命題は同意異語の反復命題ではあっても、「我在り」が文字どおり存在命題であるのとは異なって、「我考う」を直接的に存在命題と解することはできない。『純粋理性批判』第二版の誤謬推理論の「「我考う」は、既述のように、経験的命題であり、そして、「我存在す」という命題をそれ自身の内に含んでいる」という記述で始まる重要な脚注（B 422 f. Anm.）においては、カントは「我考う」を「存在命題」として把握しているが、「我考う」を直接的に「我存在す」と規定する、この脚注における論の運びには幾らか無理があるように、私には思われる。「我考う」それ自体は、《超越論的自我の統覚作用》を表す命題であって、必ずしも《自我の存在》についての意識・自覚を直接的に表す命題ではない。デカルトの方法論的懐疑においては、「我考う」という自我の働き（the function of the I: I think）は、「我懐疑す」という自我の働き（the function of the I: I doubt）として機能して、「我在り。我存在す」という《自我の存在》についての明証的な意識・自覚を成立させたはずである。デカルトの「第二省察」をその論述のとおりに理解するならば、デカルトの「我在り。我存在す」という命題は、実存的・実存哲学的命題である。方法論的懐疑は、デカルトを限界状況の内に置いた。「我在り。我存在す」は、その方法論的懐疑の極限において導出された、正に「個別的表象」である。カントが「「我在り」という個別的表象」という言葉を使用したのは、そのようなことを念頭に置いてのことであったはずである。

ドイツ語の Einzelperson を英語に置き換えれば individual person である。ワイゲルト訳『純粋理性批判』では、“einzeln” には “singular” という訳語が当てられている。singularity と individuality とは、同義語である。デカルトの自我論においても、自我の個別性が明確に認識されていることは、確かである。そのことは、とりわけ「第六省察」において彼が心身関係の問題に真摯に取り組んでいることからも明らかである。デカルトにおいては、自我それ自身は精神として把握されている。精神は物体（身体を含む）とは実在的に区別される別個の実体であるが、デカルトにおいても、それは形而上学の次元でのことである。デカルトにおいても、実際には、各人は、身体を備えた各自的・個別的な自己として把握されている。しかし、デカルトは、「我在り。我存在す」が「個別的表象」であることに関心を向けないで、「我在り。我存在す」という形而上学の原理命題に基づいて、自我を、「思惟するもの」として実体論的に把握することを専一に志向する。自我の個別性の認識という点においては、デカルトよりもカントの方に注目すべきものがあるように、私には思われる。もっとも、カントは「「我在り」という個別的表象」という言葉を、自我の個別性を強調するために意識的に使用したわけではない。しかし、『純粋理性批判』第一版の誤謬推理論の終末部で、カントが付随的にこの言葉を使用した点に、我々は却ってカントにおける、自我の個別性の認識の高まりを観取することができるのではないであろうか。

さて、「我在り」が明確に自我の個別性を表す命題であるのに比し、「我考う」は、「我在り」と等意の自己意識命題としては自我の個別性を表す命題であるが、認識論的に考えれば、「我考う」は、超越論的統覚として全ての自我・認識主観に共通する「意識一般」（『プロレゴーメナ』）である。『純粋理性批判』においては、「我考う」の《意識一般》としての機能は、超越論的統覚の認識論的機能に組み入れられて詳細に論述されている。超越論的統覚の認識論的機能を頂点とする、人間の認識能力の超越論的機能を的確に表現した記述を引用しよう。カントは、次のように述べている。「全ての綜合判断の最上原理は、それゆえ、次のように定式化される。すなわち、あらゆる対象は、可能的経験における直観の多様なものの綜合的統一の必然的諸条件に従う。／このようにして、ア・プリオリな綜合判断は、我々が、ア・プリオリな直観の形式的諸条件、構想力の綜合、超越論的統覚における構想力の綜合の必然的統一を可能的な経験的認識一般に関係づける場合には、そして、我々が、経験一般の可能性の諸条件は同時に経験の諸対象の可能性の諸条件であり、それゆえア・プリオリな綜合判断における客観的妥当性を有する、と言う［ことができる］場合には、可能であるのである」（A 158/B 197）。

ここに記されている、「経験一般の可能性の諸条件は同時に経験の諸対象の可能性の諸条件である」というテーゼによって、カントは、超越論的観念論の認識論的論拠を明示している。右のテーゼに関しては、ワイゲルト訳『純粋理性批判』の訳者による「序論」で、平明な英文で次のような誠に正鵠を得た解説がなされている。「そしてそれ〔＝「〔純粋悟性の〕全ての原理の体系」の章〕は、経験一般の可能性の諸条件は〔我々の感性と悟性の構造の内に含まれているものとして〕、同時に経験の諸対象の可能性の諸条件である〔なぜなら、諸対象は、直観における多様なものを我々がア・プリオリな綜合的認識として有している綜合の諸規則に従って統一する過程において生み出されるのであるから〕という、そして、これらの諸条件はそれゆえ「ア・プリオリな綜合判断における客観的妥当性を有する」という、カントの有名な主張を含んでいる。カントはそれら〔＝経験一般の可能性の諸条件〕を、範疇の上記のセット〔すなわち、各セット三範疇の四セット〕に適合させて、各セット三原理の四セットで表示している」（p. xlix）。

煎じ詰めて言えば、超越論的哲学の認識論によれば、「経験の諸対象」（すなわち《感性界》における我々の《認識の諸対象》）は、それらを支配している諸法則をも含めて、認識主観の超越論的な認識論的機能の根源において機能している根源的‐超越論的統覚によって、その超越論的機能に基づいて生み出されたものである。ただし、右の引用文中でワイゲルトが指摘しているように、カントは、「〔経験の〕諸対象は、直観における多様なものを我々がア・プリオリな綜合的認識として有する綜合の諸規則に従って統一する過程において生み出される」と考えている。《感性界》における我々の《認識の諸対象》は、認識論的主観性の根源を突き詰めて言えば、超越論的統覚によって生み出されたものであるが、それら諸対象の対象性の根源を突き詰めて言えば、認識主観から独立のものが対象性の側に存することによって存立しているのである。

カントは、例えば『純粋理性批判』第二版の超越論的演繹論において、次のように述べている。「感性への関連における全ての直観の可能性の最上原則は、超越論的感性論に従えば、直観の全ての多様なものは空間及び時間の形式的諸条件に従う、ということであった。悟性への関連における全ての直観の可能性の最上原則は、直観の全ての多様なものは統覚の根源的‐綜合的統一の諸条件に従う、ということである。直観の全ての多様な表象は、それらが我々に与えられる場合には、第一の原則に従い、それらが一つの意識において結合され得なくてはならない場合には、第二の原則に従う。というのは、直観の全ての多様な表象が一つの意識において結合され得ることなしには、その直観の全ての多様な表象によっては何も思惟され得ないし、何も認識され得ないからである。なぜなら、所与の諸表象〔＝直観の全ての多様な表象〕は、「我考う」という統覚の作用（den Actus der Apperzeption, Ich denke）を共有していないし、また、それゆえ、一つの自己意識において総括されてはいないからである」（B 136 f.）。ここに引用したのは、「超越論的原理論」の§17.「統覚の綜合的統一の原則は、全ての悟性使用の最上原理である」（B 136‐139）の冒頭の段落の全文である。ここでは、カントは、「直観の全ての多様なもの（alles Mannigfaltige der Anschauung）」、「直観の全ての多様な表象（alle mannigfaltige Vorstellungen der Anschauung）」との本質的関わりにおいて「「我考う」という統覚の作用」に言及している。「統覚の根源的‐綜合的統一」は、「「我考う」という統覚の作用」によって成立している。そして、カントは「悟性への関連における全ての直観の可能性の最上原則」を、「直観の全ての多様なものは統覚の根源的‐綜合的統一の諸条件に従う」、と定式化している。カントにおいては、「統覚の根源的‐綜合的統一」が「直観の全ての多様なもの」、「直観の全ての多様な表象」と双対関係にあることが、明確に把握されているのである。周知のように、『純粋理性批判』第一版の「経験の可能性のア・プリオリな諸根拠について」の節（A 95‐114）では、「直観における覚知の綜合について」（A 98）、「構想における再生産の綜合について」（A 100）、「概念における再認識の綜合について」（A 103）という標題の小節において、同版に独特な超越論的演繹論が展開されている。ここでは、そこに「綜合（die Synthesis）」という概念が用いられていることに注目しよう。カントは、人間の、直観の機能（感性）にも、構想の機能（構想力）にも、概念の機能（悟性）にも、「綜合」の働きを認めているのである。もちろん、カントは、人間の、理念の機能（理性）にも、「綜合」の働きを認めている。そのことは、例えば、純粋理性概念＝超越論的理念が「主観における定言的綜合の無制約者」、「系列の諸項の仮言的綜合の無制約者」、「体系における諸部分の選言的綜合の無制約者」と規定されている（A 323/B 379）ことにおいて明らかであり、更に、それらが、「思惟する主観の絶対的（無制約的）統一」、「現象の諸条件の系列の絶対的統一」、「思惟一般の全ての対象の条件の絶対的統一」として（A 334/B 391）、すなわち「綜合」という概念を「絶対的統一」という概念に置き換えて、再定義されていることにおいて明らかである。人間の、直観の機能（感性）、構想の機能（構想力）、概念の機能（悟性）の「綜合」の働きについて言えば、それらの「綜合」の働きは、（認識的意味での）対象性の側に存する、認識主観から独立なものによって感性が触発されることなくしては機能しないのである。もちろん、それらの「綜合」の働きを認識論的主観性の側において根源的に統括するのは、「根源的‐綜合的統一」の機能を備えた「「我考う」という統覚の作用」である。カントの超越論的哲学においては、（認識論的意味での）対象性の側に、認識主観から独立なものが存在するということが、前提とされている。認識主観から独立に存在するその物にカントは多くの場合、「物自体そのもの」（Ding an sich selbst/Dinge an sich selbst）という言葉を当てているが、「或るもの一般」（etwas überhaupt/ein Etwas überhaupt）という言葉を当てている場合も見受けられる。「諸原則の分析論」の、「全ての対象一般をフェノーメナ（現象体）とヌーメナ（可想体）に区別することの根拠について」の章においては、後者の用語法が用いられている。

「統覚の根源的‐綜合的統一」による自己意識の統一なくしては、人格の人格性（personalitas/Persönlichkeit）は成立し得ない。認識主観としての自我が実践的主体としての人格であるのは、自我が自己意識の統一を備えているからである。その意味で、「統覚の根源的‐綜合的統一」は人格における人格性を成立させる超越論的根拠でもある。ただし、自我の個別性は、〈超越論的哲学〉的には、「統覚の根源的‐綜合的統一」に基づく。自我は、それぞれの自我が「統覚の根源的‐綜合的統一」を具有することによって、個別的・各自的自我であるのである。そして、そのことによって、自我・人格の主体性が根拠づけられることは、言うまでもない。ただし、『純粋理性批判』第一版に限って見れば、カントは、認識論的意味においても、自我存在論的意味においても、自我の個別性・各自性についてほとんど関心を示していないように見受けられる。

認識主観としての我々人間の認識能力の根源に「統覚の根源的‐綜合的統一」が機能していることを究明して、超越論的哲学の地平を拓いたことは、哲学史におけるカントの画期的偉業である。カントによれば、超越論的哲学の究極的志向目標は、「自然の形而上学」を構築することである。カントは、『純粋理性批判』を《自然の形而上学の予備学》と考えている（vgl. A 841/B 869, B XLIII, B 25）。自然科学についての原理論的基礎づけは、「諸原則の分析論」――それの第二章「純粋悟性の全ての原則の体系」、第三節「純粋悟性の全ての綜合的原則の体系的表示」は、「直観の公理」、「知覚の予料」、「経験の類推」、「経験的思惟一般の公準」についての論述によって構成されている――における主要課題である。当然のことながら、自然科学が研究対象とする自然的世界は、相互主観的世界であるはずである。したがって、カントの超越論的哲学が認識主観の認識機能の根源にそれの働きを認めた超越論的統覚は、その相互主観的世界としての自然的世界を成立させる、全ての認識主観に共通する《意識一般》として機能しなくてはならないはずである。

超越論的統覚に《意識一般》の機能を帰属させることは、「「我在り」という個別的表象」という言い回しに見られるような、自我に個別性を認める考え方と論理上では矛盾するけれども、私が『純粋理性批判』を繙いた限りでは、カントはそこに矛盾が生じるとは考えていないように見受けられる。超越論的統覚「我考う」は認識論的機能としては相互主観的作用として、したがって《意識一般》として機能するが、その超越論的統覚「我考う」の「我」（the **I** of transcendental apperception: I think）は夫々の認識主観の個別的自我である、とカントが考えていたことは、確かである。

ただし、誤謬推理論においては、カントは、「我考う」という自我命題について、それが蓋然的命題としてしか成立し得ないことを明確に把握している。そのことは、誤謬推理論の導入部に現れる「（蓋然的に解された）「我考う」という命題」（A 348/B 406）という言い回しにおいて端的に窺うことができる。（ちなみに、右の引用語句の、原語とワイゲルト訳『純粋理性批判』での訳語を記しておく。"der Satz: Ich denke, (problematisch genommen,)"/"the proposition, **I think**, (taken problematically)"）。カントがそのような言い回しを用いているのは、一つには、カントが、「我考う」には自我自身の存在についての知覚が含まれているがゆえに、「我考う」を確然的命題（an apodictic proposition）と断定することは不可能である、と考えていることによる。ちなみに、誤謬推理論の導入部には、「この内的知覚は、「我考う」という単なる統覚以外の何ものでもない（diese innere Wahrnehmung ist nichts weiter, als die bloße Apperzeption: Ich denke）」（A 343/B 401）と記されている。確かに、カントは、「我考う」と「我在り」とは、相互に置き換えることのできる同一命題であると考えている。しかし、「「我考う。ゆえに我在り」という、世にいうデカルトの推理は、「我考う」（「我、思惟して在る」）は現実性（＝自我の存在）を直接的に述べているゆえ、実際は同意異語の反復である」（A 355）と述べる際、カントは、或る意味においては「我考う」に自我自身の存在についての知覚が含まれているということを全く度外視していたはずである。更に言えば、「我考う」は、それ自体としては、自我自身の存在についての知覚を含んではいないはずである。ただし、カントは、自分が「我考う」という命題を蓋然的命題と考えるのは、それが「デカルトの「我考う。ゆえに我在り」」という命題のように「（自我自身の）現存についての知覚（eine Wahrnehmung von einem Dasein）」を含んでいるからではないということを、主張している（A 347/B 405）。しかし、デカルトによって定式化された「我考う。ゆえに我在り」という命題に即して考えれば明らかであるように、「我在り」という自我命題にはもちろんのこと、「我考う」という自我命題にも、それが自我自身の存在についての知覚を含む存在命題であるという意味合いが随伴している。ただし、カントが、「我考う」が蓋然的命題であると断定する論拠は、我々は各自の自己意識においてしか「我考う」を直接的・明証的に把握できないということである。そのことに関するカントの論述を引用しよう。

カントは、次のように述べている。「さて、私は、思惟する存在者について、外的経験を通してでなくて、自己意識を通してのみ、それなりの表象を持ち得るのである。それゆえ、このような諸対象は、私のこの意識（＝「自己意識」）の他の諸物の上への置き移し（die Übertragung dieses meines Bewußtseins auf andere Dinge）以外の何ものでもなく、それによってのみ他の諸物は思惟する存在者として表象されるのである。しかしこの際には、「我考う」という命題は、蓋然的に解されるにすぎないが、〔それは〕この命題が〔自我自身の〕現存についての知覚を含んでいるであろう点においてではなくて（デカルトの「我考う。ゆえに我在り」〔は、自我自身の現存についての知覚を含んでいる〕）、この命題の単なる可能性から見て、いかなる諸固有性がこのこれほど単純な命題からこの命題の主語（そのようなものが果たして存在するにせよ、存在しないにせよ）に生じるであろうかを見るためにである」（A 347/B 405）。

我々は誰しも、そして全ての他我もまた、「「我考う」という統覚の作用」に基づく、各自の自己意識を有しているはずである。しかし、他我の自己意識を直接的に把握することは、その他我自身以外の者には不可能である。少なくとも右に引用したような論述箇所においては、カントは、「「我考う」という統覚の作用」を《意識一般》と考えることを自己抑止している。カントは、超越論的自我が本来、個別的・各自的であることを、明確に洞察している。したがって、カントは、我々は「我考う」という自己自身の統覚における自己意識を他我に置き移すことによってしか、他我を「思惟する存在者」として表象することができない、と考えるのである。その際、カントは、他我の自己意識を論証することが果たして可能であるかどうかという、《他我論》の根本問題に思いを巡らせている。他我の自己意識を論証することは困難であるとカントが考えるのは、彼が超越論的自我の個別性・各自性を明確に洞察しているからでもある。

ここで、「しかしこの際には、「我考う」という命題は、蓋然的に解されるにすぎないが、〔それは〕この命題が〔自我自身の〕現存についての知覚を含んでいるであろう点においてではなくて〔デカルトの「我考う。ゆえに我在り」〔は、自我自身の現存についての知覚を含んでいる〕〕」という前引のカントの記述に戻って、「「我考う」という命題」についてのカントの考えを、更に考察してみたい。我々は、誤謬推理論の導入部における、次のような記述に注目しなくてはならない。

「……それゆえ、我々は、「我考う」という唯一の命題の上に構築されている、いわゆる学問なるものを既に目《ま》の辺りにしているのである。そして、我々はここで、そのいわゆる学問なるものに根拠があるのか根拠がないのかについて、極めて適切に、そして超越論的哲学の本性に適合して、研究することができる。私は、私自身〔について〕の知覚を表現するこの命題において、内的経験を有するのであるが、それゆえ、その上に〔=「我考う」という命題の上に〕構築される合理的心理学は、決して純粋ではなくて、部分的には経験的原理を基礎にしているのではないか、ということに拘ってはいけない。なぜなら、この内的知覚は、「我考う」という単なる統覚以外の何ものではないのであるから。「我考う」というこの単なる統覚は、全ての超越論的概念さえをも可能にするのであり、それらの超越論的概念において、「実体、原因、等々を「我考う」」と述べられるのである。また、なぜなら、内的経験一般とそれの可能性、あるいは知覚一般と他の知覚へのそれの関係は、それらの何か或る特別な区別と規定が経験的に与えられていない限り、経験的認識と見なされることはできず、経験的なもの一般の認識と見なされなくてはならないのであり、〔したがって、〕全く超越論的である、あらゆる経験の可能性についての研究に委ねられるべきものであるのだから。もし自己意識の普遍的表象〔=統覚の表象「我考う」〕に知覚の対象（例えば、ただ快、不快）が少しでも付け加わるなら、合理的心理学は直ちに経験的心理学に変ずるであろう」（A 342 f./B 400 f.）。

右の引用文においては、合理的心理学がその上に構築されている「「我考う」という唯一の命題」、すなわち「「我考う」という単なる統覚」が、「私自身〔について〕の知覚を表現する命題」として把握されている。カントは、その「私自身〔について〕の知覚」を「内的知覚」と呼び、更に「内的経験」とも呼んでいる。引用文の後半において明らかであるように、カントはその「私自身〔について〕の知覚」である限りでの「内的経験」・「内的知覚」を、「内的経験一般」・「知覚一般」に数えている。カントは「内的経験一般」・「知覚一般」という言葉で、感性（Sinnlichkeit）によって媒介されていない「内的経験一般」・「知覚一般」を、したがって、「「我考う」という単なる統覚」において直接的に自己自身に顕現している自己存在の知覚を言い表そうとしている。右の引用文の論旨に従って考えるなら、「「我考う」という命題」は、それ自体、「〔自我自身の〕現存についての知覚」を含んでいることになる。そのように解釈する限り、夫々の自我の自己意識には、自我自身の現存についての知覚が含まれているはずである。純粋統覚「我考う」は、純粋意識の論理形式、それゆえ形式的・普遍的な自我表象の公式（formula）であり、それゆえそれを《意識一般》に敷衍することは、少なくとも論理上では困難であるとは考えられない。その意味では、自我の自己意識「我考う」を他我に置き移すことによって、他我を「思惟する存在者」として表象することが可能になるとするカントの所説には、何ら問題性は伴わないであろう。したがって、カントの所説とは異なって、「我考う」は蓋然的命題と解されるべきではない、と考えることができるようにも思われる。しかし、我々は、他我の自己意識における、その他我自身の「現存についての知覚」を知覚することはできない。そのことは、カントによって明確に洞察されていたはずである。そして、カントは、超越論的意識である「「我考う」という単なる統覚」が「私自身〔について〕の知覚」、それゆえ「私自身〔の現存について〕の知覚」と結合していることを、明確に洞察している。したがって、カントは、潜在的には(potentially)、その上に合理的心理学が構築されている「「我考う」という唯一の命題」における「我」は決して《我一般》ではなくて、夫々の「我自身〔について〕の知覚」と結合している、個別的・各自的な「我」であることを把握しているはずである。したがって、『純粋理性批判』第一版の誤謬推理論の終末部に記されている「「我在り」という個別的表象」とは、「「我考う」という個別的表象」の謂に他ならず、第一版の誤謬推理論における論の展開に即して考えれば、むしろ「我在り」という自我命題の公式に換えて「我考う」という自我命題の公式を用いて、「「我考う」という個別的表象」という言い回しにした方が適切であったとも考えられる。しかし、カントは、「我考う」という自我命題が純粋意識の論理形式、それゆえ形式的・普遍的な自我表象の公式であることを考慮して、自我表象の個別性を端的に言い表す言い回しとして、「「我在り」という個別的表象」という言葉を用いているのであろう。

ここで、「我考う」を「経験的命題」・「存在命題」と規定している、『純粋理性批判』第二版の誤謬推理論の中の重要な脚注（B 422 - 423 Anm.）について、コメントしておく。その脚注において、カントは、自己意識「我考う」における自我自身の存在（Existenz）についての知覚を「或る未規定の知覚（eine unbestimmte Wahrnehmung）」・「或る実在的なもの（etwas Reales）」の知覚と規定している。(5) そこで「或る未規定の知覚」・「或る実在的なもの」の知覚と規定されているものは、誤謬推理論の導入部での論述において「内的経験一般」・「知覚一般」といわれているもののことである。カントは「観念論論駁」（B 274 - 279）において、デカルトの『省察』の「第二省察」で定式化された「我在り。我存在す」という自我命題を「経験的」命題と解して、「デカルトの蓋然的観念論」、すなわち「一つの経験的主張（assertio）だけを、すなわち「我在り」だけを〔方法論的懐疑＝誇張懐疑によって〕懐疑されなかったと言明する、デカルトの蓋然的観念論」（B 274）を論駁することを企図して、論を展開している。「観念論論駁」においてデカルトの自我命題「我在り」を「経験的主張」と規定したカントは、「我考う」をキーワードとする、第二版の誤謬推理論の右記の脚注においては、当然のことながら自我命題「我考う」を「経験的命題」と規定するのである。自我命題「我考う」においては、自我自身の存在が、「或る未規定の知覚」・「或る実在的なもの」の知覚として知覚されている。その「或る未規定の知覚」・「或る実在的なもの」の知覚は、「内的経験一般」・「知覚一般」であって、経験的認識に先行するものである。したがって、第二版の誤謬推理論に見られる、「我考う」を「経験的命題」と見なす考えは、第一版の誤謬推理論における「我考う」についての把握の仕方と一致しているとは考え難いようにも思われる。しかし、第一版の誤謬推理論の「超越論的心理学の第四の誤謬推理の批判」には、「それゆえデカルトもまた、当然のことながら、最も狭い意味における一切の知覚を「我（思惟する存在者として）在り」という命題に制限した」（A 367 f.）という記述が認められる。（＊を付した箇所に関して、「第二省察」で提示されている「我在り。我存在す」という自我命題は、方法論的懐疑によって導出された自我命題「我考う」を前提として、それを存在命題として定式化した自我命題であることを、付記しておく。）

ここで自我の個別性・各自性の把握について、精神史的に総括しておこう。既述のように、ガリレオも、デカルトも、人間の精神的営為における、「哲学する」ことの重要性を強調した。ガリレオやデカルトの場合には、「哲学する」という言葉で考えられているのは、各自が理性によって合理的な自然哲学の研究に取り組まなくてはならない、ということであった。ガリレオやデカルトたちが自然哲学の研究において「哲学する」ことに主体的に取り組んだことは、西洋近代精神史において人間の主体性の自覚を促した最大の要因に数えられる。ガリレオやデカルトたちが生きた時代は、近代物理学・近代哲学の草創期に当たり、自然哲学と狭義の哲学とは、まだ明確に分化していなかった。ガリレオを始めとする近代物理学を確立した自然哲学者たちによって推進された合理的思考法の普及と、人間の主体性の自覚の深化によって、西洋近代哲学が確立されたのである。その最高峰としてのカントの哲学において、「「我考う」という統覚の作用」を機軸にした超越論的哲学が構築され、その超越論的哲学を体系的に叙述することを企図した『純粋理性批判』において、自我の個別性・各自性についての明確な認識に基づく、精緻を極めた自我論が展開されたのである。

第二節　自我の個体性について

本節においては、超越論的統覚「我考う」における各個我の意識の統一、それによって成立する各個我の人格的統一を中心に、自我の個体性（individuality）について考察してみたい。というのも、自我の個体性は、個我の意識の統一、人格的統一を根拠にして成立しているからである。自我の個体性は、自我の各自性（singularity）と表裏一体の関係にある。ドイツ語のEinzelperson は、singular person/individual person の謂であるゆえ、別言すればIndividuum（英語のindividual）である。ドイツ語のIndividuum の語源はラテン語のindividuum であり、このラテン語は、元々は原子（atomus）、個体を意味する言葉であった。したがって、個人・個我を意味するドイツ語のIndividuum には、本来的に個我の個体的統一という意味合いが含まれている。

ワイゲルト訳『純粋理性批判』で “die einzelne Vorstellung, Ich bin”（A 405）に “the singular representation, I am" という訳語が当てられていることから推認できるように、またカントの "ein einzelnes Urteil (judicium singulare)"（B 96）という用語法からも推認できるように、ドイツ語の einzeln と singulär とは本質的関わりを有する言葉である。Singular という言葉が『純粋理性批判』に現れるのは、後述するように第二版の誤謬推理論においてである。ここでは、「諸概念の分析論」の「全ての純粋悟性概念の発見の〔ための〕手引きについて」の章における einzeln という言葉の用語法を考察しよう。同章において einzeln という言葉が最初に現れるのは、いわゆる「判断表」においてである。「判断表」には、「1. 諸判断の量」「2. 〔諸判断の〕質」「3. 〔諸判断の〕関係」「4. 〔諸判断の〕様相」の四項目が列挙されているが、その「諸判断の量」の項目は、「全称的〔諸判断〕（Allgemeine）」、「特称的〔諸判断〕（Besondere）」、「単称的〔諸判断〕（Einzelne）」の三つに分類されている（A 70/B 95）。そして、カントは、この「判断表」を根拠にして、「範疇表」を導出する。「範疇表」には、「量の〔諸範疇〕」、「質の〔諸範疇〕」、「関係の〔諸範疇〕」、「様相の〔諸範疇〕」の四項目が列挙されているが、その「量の〔諸範疇〕」の項目は、「単一性（Einheit）」、「数多性（Vielheit）」、「全体性（Allheit）」の三つに分類されている（A 80/B 106）。カントは、「全体性（綜体性（Totalität））は、単一性と見なされた数多性に他ならない」（B 111）という考えに基づいて、量の諸範疇をそのように列挙しているのである。「範疇表」の、量の諸範疇には、ワイゲルト訳『純粋理性批判』では、「範疇表」に列挙されている順番で "Unity", "Plurality", "Totality" という訳語が当てられている。「範疇表」の

“Einheit/Unity” は、「単一性」を表すのであって、「統一」を表しはしない。「範疇表」で「統一」を含意するのは、むしろ “Allheit/Totality” の範疇である。“totality” は、“plurality” の範疇が適用された “unities”（諸単一体）を統一する（unify）範疇であり、その意味では、“totality” の範疇には「統一」が含意されている。ただし、カントのように単称的判断（einzelne Urteile/singular judgements）に「全体性」の範疇を対応させることは、困難ではないであろうか。単称的判断（singular judgement）に対応する範疇は、「単一性（Einheit/unity）」の範疇であるように、私には思われる。その「単一性」に “singularity” という英語を当てることも可能であるかもしれない。英語の singularity, unity は、両者とも「単一性」を表す。そして、その「単一性」は、“singularity” の場合には「個別性」という意味合いになるが、“unity” の場合には「統一」という意味合いになる。その場合の「個別性」、「統一」は、両者とも（個別的統一に基づく）「個体性」を含意する。そのことを踏まえて考えれば、各個我における意識の統一（the unity/singularity of consciousness of every individual I/ego）こそが個我の個体性・各自性の根拠であることは明白である。

なお、第二版の誤謬推理論の次のような記述において、カントは “ein Singular” という言葉を用いている。「統覚の自我は、したがってあらゆる思惟における自我は単数（ein Singular）であり、幾つもの主観に解消されることはあり得ないゆえ、その自我は論理的に単純な主観を指示するということは、既に思惟の概念のうちに存するのであって（liegt schon im Begriffe des Denkens）、したがって分析命題である。しかし、そのことは、思惟する自我は単純な実体（eine einfache Substanz）であるということを意味するのではない。思惟する自我は単純な実体であるということは、〔もしそのような命題が成立するとしても〕綜合命題であるであろう」（B 407 f.）。ここでは、「統覚の自我」は必ず「単数」であるが、そこからは「その自我は論理的に単純な主観を指示する」ということしか導かれ得ないことが強調されている。ただし、そこでカントが、「単数」という概念によって、暗黙裏に「統覚の自我」（超越論的自我）の個体性を観念している、と理解することも可能である。我々は以下の論述において、カントが別の局面においては「統覚の自我」を実在的自我として把握していることに注目して、カントが自我の個体性の根拠を他ならぬ「統覚の自我」の、すなわち純粋統覚「我考う」における「我」の単数性（singurality）に求めていることに言及するであろう。

私は、ワイゲルト訳『純粋理性批判』の、訳者による「序論」の中の、以下のような論述を読んで、そこに記されている、「我々の意識の（あるいは我々の主観の）統一（the unity of our consciousness (or of our subject)）」、「人格の統一、個々の個人の統一（the unity of the person, of each individual）」、「個々の人格の一貫性と統一（a coherence and unity of an individual person）」という言い回しに関心を抱いた。超越論的演繹論についての解説の中の一段落を、日本語訳して引用する。「諸範疇の統一の機能はそれ自身、我々の意識の統一に基づいている。多様なものにおける統一は、我々の意識が、多様なものをそれ自身の特有な統一の中に受容するがゆえに生み出されるのである。換言すれば、カントは、諸客観の統一、したがって諸客観の存在を、我々の意識の（あるいは我々の主観の）統一によって根拠づけているのであり、それゆえ人格の統一、個々の個人の統一によって根拠づけているのである。様々な範疇によって様々な仕方で与えられる形式的統一は、我々の意識それ自身の特有な形式以外の何ものでもない。我々各自は、主観として、一つの意識として、一つの、そしてたった一つの〔＝掛け替えのない〕単一体（one and a single unit）であり、その単一体の最も基本的で最も包括的な表現は、「我考う」である。それどころか、個々の人格の一貫性と統一が存する限りにおいてのみ、認識の一貫性が存し得るのである」[6]。

右の引用文に即して考えれば明らかであるように、個我の人格的統一は、超越論的統覚「我考う」における各個我の意識の統一によって成立しているのである。そのことは、第一版の誤謬推理論の「超越論的心理学の第三の誤謬推理〔＝「人格性（Personalität）の誤謬推理」〕の批判」（A 361 - 366）における「それにもかかわらず、実体や単純なものの概念と同様に、人格性（Persönlichkeit）の概念もまた、（それが単に超越論的である限り、すなわち、その他の点では我々に知られていないが、しかしそれの諸規定においては〔＝それを規定すると〕統覚による汎通的結合であるところの主観の統一である限り（so fern er bloß transzendental ist, d. i. Einheit des Subjekts, das uns übrigens unbekannt ist, in dessen Bestimmungen aber eine durchgängige Verknüpfung durch Apperzeption ist））存立し得る。そして、その限りこの概念は実践的使用のためにも必要であり、かつ十分である」（A 365）という記述と符合する。カントによれば、超越論的統覚「我考う」が個我の人格的統一の超越論的根拠であり、したがって「統覚による汎通的結合」としての「主観の統一」において人格性が成立している。自我・人格についてのカントのこのような把握によって、デカルトの自我論やライプニッツ－ヴォルフ学派の自我論のパラダイムを超える、人格性概念を基軸とする自我論が成立するのである。

もちろん、合理的心理学における誤謬推理を根本から批判するカントは、超越論的統覚「我考う」における個我の意識の統一から自我の実体性を結論づけることは不可能であると考えている。そのことを端的に言い表している、第二版の誤謬推理論の記述を引用しよう。カントは、次のように述べている。「諸範疇の基礎になっている、意識の統一は、合理的心理学においては、客観としての主観の直観と解されて、それに実体の範疇が適用される。しかし、その意識の統一は、思惟における統一にすぎないのであって、その意識の統一によってだけではいかなる客観も与えられない。それゆえ、その意識の統一には、常に所与の直観を前提とする、実体の範疇は、適用され得ず、したがって、この主観は全く認識され得ないのである。云々」（B 421 f.）。

デカルトの自我実体論（the substance theory of ego）、すなわち精神実体論（the substance theory of mind/*mens*）との連関で言えば、『純粋理性批判』の誤謬推理論での自我の実体性の誤謬推理の批判が自我論史上で果たした役割が注目されるべきであるが、カント自身は誤謬推理論が自我論史上で果たした最も重要な役割を自我の単純性の誤謬推理の批判に認めている。それは、カントが、或る意味では、自我の単純性をもって、「思惟する主観の絶対的（無制約的）統一」、すなわち

「心理学的理念」と同一視しているからである。西洋近代哲学史を遡れば、ライプニッツは自我表象の単純性（単一性）をモデルにして、単純実体＝単子の集合が宇宙であるとする、単子論の形而上学を構築した。ただし、カントにおいては、自我の論理的単純性（logical simplicity of ego）と自我の実在的単純性（real simplicity of ego）とは本質的に異なるものであることが、明確に認識されている。我々は既に、第二版の誤謬推理論に即して、「統覚の自我、したがってあらゆる思惟における自我」が「単数（ein Singular）」であることに基づいて「思惟する自我は単純な実体である」ことを論証することは不可能であるという、自我の単純性の誤謬推理に対するカントの批判を見た。「統覚の自我」の単数性（単純性）は自我の論理的単純性を表すだけであって、自我の実在的単純性を示してはいない。したがって、「統覚の自我」の単数性をもって「思惟する主観の絶対的（無制約的）統一」と考えることは、不可能である。

「統覚の自我」の単数性を根拠にして自我の実在的単純性を論証することは不可能であるけれども、誤謬推理論の導入部の記述に見られるように、カントは「「我考う」という単なる統覚」が「私自身〔について〕の知覚を表現する命題」であることを洞察している（vgl. A 342 f./B 400 f.）。そのことは、第二版の誤謬推理論でカントが「統覚は或る実在的なもの（etwas Reales）である。そして、統覚の単純性は、既に統覚の可能性のうちに存している」（B 419）と記していることと無関係でないはずである。ちなみに、『純粋理性批判』第二版においてここで初めて現れる「或る実在的なもの」という言葉は、第二版の誤謬推理論の極めて重要な、自我命題に関する脚

注（B 422 f.）において、「統覚の自我」に適用されている。そこには、次のような記述がなされている。「未規定の知覚とは、ここではただ或る実在的なもの（etwas Reales）を意味する。すなわち、与えられている、正確に言えば思惟一般に与えられている、それゆえ現象としてではなく、また物自体そのもの（Sache an sich selbst）（ヌーメノン）としてでもなくて、本当に存在している或るもの（Etwas）として、そして「我考う」という命題において或るものとして現れる、そのような或る実在的なものを意味する」（B 423 Anm.）。この記述においては、統覚我は明確に「或る実在的なもの」として把握されている。右の脚注が施されている段落の三つ前の段落で、カントは、「統覚は或る実在的なものである」と記している。カントは、或る視点においては、「統覚の自我」に実在性を認めているのである。したがって、カントは、各個我の意識の統一を成立させている「我考う」という超越論的統覚の作用中心としての「統覚の自我」を、或る視点においては、単なる「論理的に単純な主観」ではなくて、《実在的自我》である、と考えているはずである。その場合、「統覚の自我」そのものは超越論的自我として把握されるべきであるが、『純粋理性批判』第二版に即して考える限り、カントは、基本的には、「統覚の自我」の存在を「未規定の知覚」として感得される「或る実在的なもの」として把握しているように、見受けられる。

「超越論的心理学の第三の誤謬推理論の批判」の、カントが超越論的統覚「我考う」による「主観の統一」＝個我の意識の統一において「人格性の概念」が保持されることを述べた前引の記述（A 365）に即して言えば、個我の意識の統一によって人格の統一が成立するのである。カントは、その「主観の〔超越論的〕統一」＝人格の統一をもって「人格性」と考えるのである。*誤謬推理論における、合理的心理学＝超越論的心理学の批判を通して、カントは「人格性の概念」の、実体論的地平からの完全な解放を遂行した。したがって、カントは自我の形而上学を、デカルトの自我実体論の地平から解放し、更にライプニッツ－ヴォルフ学派の合理的心理学のパラダイムから解放した。しかし、カントは、彼の自我の形而上学を論述する際、デカルト哲学において、方法論的懐疑の遂行を通して自我命題「我考う。ゆえに我在り」が定式化される過程に着目して、そこから多くの示唆を得ている。そして、カントの自我の形而上学は、やがて彼の実践哲学において「道徳的人格性」（VI 223）の概念を基軸とする壮大な道徳哲学を展開するに至る。

　右の段落の＊を付した箇所について、コメントしておこう。誤謬推理論の導入部に表示されている「合理的心理学のトーピク」の中で、合理的心理学の《霊魂の人格性》の命題は、「霊魂は、そのうちにそれが存する相異なる時間〔＝時間の、相異なる時点〕に関して、数的に同一である。すなわち、（数多性（Vielheit）ではなくて）単一性（Einheit）である」と定式化されている（A 344/B 402）。この命題においては、《霊魂の人格性》は、「霊魂が、そのうちにそれが存する相異なる時間に関して、数的に同一である」ということによって成立している、と考えられている。そして、「霊魂が、そのうちにそれが存する相異なる時間に関して、数的に同一である」から、《霊魂の人格性》は「数多性」の範疇ではなく、「単一性」の範疇によって規定される、と考えられている。《霊魂の人格性》についての右の命題は、「霊魂は実体である」（ibid.）という、合理的心理学の基本命題を踏まえて定式化されているのであるから、右の命題において、霊魂の数的同一性ないし単一性という概念によって考えられているのは、自我意識における自我の数的同一性ないし単一性ではなくて、あくまでも霊魂の、すなわち実体としての自我の数的同一性ないし単一性である。誤謬推理論に即して言えば、合理的心理学においては自我実体のその数的同一性ないし単一性をもって《霊魂の人格性》と考えるのである。

ただし、誤謬推理論においては、合理的心理学＝超越論的心理学の誤謬推理の批判を通して、自我実体の考えは、排斥されることになる。それに伴って、自我実体の数的同一性ないし単一性――その意味での人格性――の考えも排斥されることになる。カントによる、合理的心理学＝超越論的心理学の誤謬推理の批判を通して、人格性の概念は根本的に変転する。先に見たように、「超越論的心理学の第三の誤謬推理（＝「人格性の誤謬推理」）の批判」においては、カントは、超越論的主観の統覚作用による「主観の統一」に人格性の概念の存立根拠を求めている。

ここで、誤謬推理論におけるカントの「単一性（Einheit）」という言葉の用語法について、コメントしておこう。合理的心理学の《霊魂の人格性》の命題においては、「単一性」は、「数多性」の対義語として用いられている。そこにおいては、「単一性」は、数的同一性という意味で用いられている。したがって、その場合には、「単一性」は、統一（統一性）という意味では用いられていない。しかし、例えば「統覚の根源的‐綜合的統一について（Von der ursprünglich-synthetischen Einheit der Apperzeption）」（B 131）という「超越論的原理論」の § 16. の標題、「統覚の綜合的統一の原則は全ての悟性使用の最上原則である（Der Grundsatz der synthetischen Einheit der Apperzeption ist das oberste Prinzip alles Verstandesgebrauchs）」（B 136）という「超越論的原理論」の§17.の標題の命題において端的に示されているように、カントは“Einheit”を、統一を意味する言葉として、統覚の超越論的統一、したがって個我の意識の根源的統一に適用している。そして、「超越論的心理学の第三の誤謬推理の批判」においては、“Einheit”は統覚我に適用されて、超越論的主観の統覚作用による「主観の統一」がクローズ-アップされている。そのようなことを勘案すると、誤謬推理論の導入部の「合理的心理学のトーピク」の、《霊魂の人格性》の命題において“Einheit”という言葉が用いられていることと、「超越論的心理学の第三の誤謬推理の批判」において、《自我の人格性》の概念を提示するために超越論的主観の統覚作用による「主観の統一」がクローズ-アップされていることとは、決して無関係でないはずである。*「超越論的心理学の第三の誤謬推理の批判」においても、「人格の同一性」（A 362）が強調されている。《自我の同一性》なくしては、《人格の同一性》は成立し得ない。したがって、《人格の同一性》の根拠は、超越論的統覚「我考う」に求められる。「相異なる時間〔＝時間の、相異なる時点〕における私自身の意識の同一性（die Identität des Bewußtseins Meiner selbst in verschiedenen Zeiten）」（A 363）なくしては、《人格の同一性》が成立し得ないことは、明白である。したがって、「超越論的心理学の第三の誤謬推理の批判」においては、「主観の〔超越論的〕統一」という概念によって、《自我の統一》とともに《自我の同一性》が考えられている、と理解しなくてはならない。合理的心理学の、人格性についての命題においては、"Einheit"は、直接的には《霊魂＝自我実体の数的同一性》を表す言葉として用いられているのであるが、その場合にも、"Einheit"は、《自我の同一性》を、したがって《人格の同一性》を表す潜勢力を有する言葉として使用されている。（＊を付した箇所について、補足説明をしておこう。「主観の統一」は「自己意識の統一」と同義である。「超越論的心理学の第三の誤謬推理の批判」において「自己意識の統一」という言葉が記されている段落は、次のような記述で始まっている。「万物は流転しており、世界の内なる何ものも持続的、永続的ではない、という古代の幾つかの学派の命題は、我々が諸々の実体を想定するや否や、存立し得ないことになるけれども、この命題は、自己意識の統一（die Einheit des Selbstbewußtseins）によって〔＝自己意識の統一ということに基づいて〕論駁されることはない。というのは、我々自身は、我々が霊魂として持続的であるか否かについて、我々の意識に基づいて判断することはできないのであるから。なぜなら、我々は、我々が意識しているもののみを我々の同一の自己の中に数え入れるのであるが、とは言え我々は、我々が意識している全時間においてまさしく同一ものである、と必然的に判断しなければならないのだから」（A 364）。この記述においては、「自己意識の統一」は、「相異なる時間における私自身の意識の同一性」を含意する言葉として用いられている。したがって、「超越論的心理学の第三の誤謬推理の批判」に記されている、「自己意識の統一」、「主観の統一」という用語法における「統一（Einheit）」には、数的同一性を表す「単一性」が含意されている。）

カントは批判哲学の著述の中で、人格の統一をもって人格性とする考えを、必ずしも強調しているわけではない。しかし、和辻哲郎博士が『人格と人類性』（岩波書店、一九三八年）所収の論文「カントにおける「人格」と「人類性」」において強調しておられるように、カントの誤謬推理論によって「超越論的人格性」の概念が確立されたのである。そして、その超越論的人格性の概念を踏まえて、カントの実践哲学において、道徳的人格性の概念が確立された。カントの批判哲学おける人格性の概念の確立において、西洋近代哲学の形成は完成に至ったのである。

第三節　西洋近代哲学の形成とカントの自我論

ガリレオは、力学の研究及び望遠鏡を用いての天体観測によって、アリストテレスの自然学及び天体論が本質的には思弁による独断論的な理論体系であることを解明した。アリストテレスの自然学・天体論は、アリストテレスの哲学体系の主要部門である。アリストテレスの自然学・天体論と対決することは、ガリレオにとって、アリストテレスの哲学、及びその系譜上にあるアリストテレス主義と対決することであった。ガリレオたちの時代において「自然哲学者」と呼ばれた人たちは、皆、サイエンティストであると同時にフィロソファーであった。とりわけ、ガリレオは、サイエンティストである以上にフィロソファーであった。我々はそのことを、『天文対話』において把握することができる。ガリレオは、卓越したフィロソファー、サイエンティストとして、アリストテレス主義と対決した。そして、やがて西洋哲学に大きな変革がもたらされるに至った。ガリレオは、「自然という書物は数学の言語で書かれている」というテーゼによって、自分が近代合理主義に立脚していることを宣言した。科学と哲学とを包括していた「自然哲学」は、ガリレオによって自然科学という基盤の上に据えられることによって、哲学としては、近代合理主義の哲学へと発展する。そのようにして、西洋近代哲学が形成されていったのである。自然哲学者、ガリレオには、イタリア・ルネサンスの普遍人＝万能人の面影がまだ色濃く漂っている。そして、ガリレオは、主体的に活動する行動の人であった。『天文対話』によって自分が危機に瀕するに至ることを、同書を執筆する時点においてガリレオが明確に認識していたかどうかについては、断定を控えるが、地動説支持の嫌疑で、再度、宗教裁判にかけられることを彼が恐れていなかったとは、考え難い。とりわけ『天文対話』の執筆は、ガリレオにおいて、自分の合理主義のフィロソフィーに基づいての、哲学的営為であった。

ガリレオが「第二次裁判」で断罪を受けたことを知って、デカルトは『宇宙論　または光についての論稿』を公刊することを断念した。『宇宙論　または光についての論稿』に論述されている渦動宇宙論は、デカルトが合理主義的思考による地動説の基礎づけを企図して構築した理論体系であった。自然哲学者としてのデカルトが自然科学の進展のために果たした役割は、ガリレオの場合とは異なって、実質的には、「延長実体」の概念を基軸にして、自然的世界を機械論的体系として、形而上学的に把握した点に認められる。そして、デカルトは、「思惟実体」の概念を基軸にして、「我考う。ゆえに我在り」という自我命題に象徴される、自我の形而上学を展開した。デカルトが提示した、「思惟実体」の概念及び「延長実体」の概念は、もちろん彼の合理主義的思考によって生み出されたものである。

やがて、カントによって、自我の形而上学は、実体論的思考法から解放されることになる。しかし、カントの自我の形而上学は、根本のところで、デカルトの自我の形而上学の影響を被っている。そして、カントの自我の形而上学において、自我の個別性・個体性の超越論的根拠が解明されたのである。

注

（1）Immanuel Kant, *Critique of Pure Reason*, translated, edited, and with an Introduction by Marcus Weigelt, based on the translation by Max Müller.

（2）例えば、「観念論論駁」（B 274‐279）を見られたい。

（3）『純粋理性批判』第二版の誤謬推理論の四二二‐四二三ページの脚注の冒頭の「『我考う』は、既述のように、経験的命題であり、そして、『我存在す』という命題をそれ自身の内に含んでいる」という記述の前半部と、同脚注の末尾の「しかしながら、もし思惟作用に対して素材を与える何か或る経験的表象がないとしたならば、「我考う」という作用は、やはり生じないであろう。そして、経験的なものは、純粋な知性的能力の適用の、又は使用の条件であるにすぎない」という記述とにも、対応関係が認められる。その対応関係に即して言えば、カントは、「もし思惟作用に対して素材を与える何か或る経験的表象がないとしたならば、「我考う」という作用は、やはり生じないであろう」がゆえに、「我考う」を「経験的命題」と見なしているのである。同脚注においては、「「我考う」という命題における「我」」が「純粋に知性的な」表象であり、「「我考う」という作用」が統覚我の「純粋に知性的な」作用であることが、断言されている。

（4）以下、カントのいう“Ich denke”に「我考う」という訳語を当てる関係で、デカルトのいう“ego cogito”にも「我考う」という訳語を当てることとする。

（5）「或る未規定の知覚」とは、ここでは、「或る実在的なもの」の知覚のことである。「或る未規定の知覚」と「或る実在的なもの」とは、未分一体の関係にあるが、「或る実在的なもの」が自我自身の存在を指すのに対して、「或る未規定の知覚」が、「或る実在的なもの」としての自我自身の存在についての知覚を指すという、意味合い上の区別が認められる。

（6）Immanuel Kant, *Critique of Pure Reason*, translated, edited, and with an Introduction by Marcus Weigelt, based on the translation by Max Müller, p. xliii.

付記

本編の執筆に際して私は、引用文献、参考文献として書名を挙げた文献の他に、左記の書物から、多くを学んでいる。

山田弘明『デカルト哲学の根本問題』（知泉書館、二〇〇九年）
小倉貞秀『ペルソナ概念の歴史的形成　古代からカント以前まで』（以文社、二〇一〇年）
中村士・岡村定矩『宇宙観５０００年史　人類は宇宙をどうみてきたか』（東京大学出版会、二〇一一年）

第二編　カント哲学研究論考抄

第一章　共同態の倫理学

＊初出誌は、『愛知教育大学研究報告』第三十八輯（人文科学編）。採録は、原則として初出誌のとおりとするが、二の第九段落に限って若干の修訂を施してある。なお、注は、同論考を自著に収録するに際して書き加えたものである。

一　格率倫理学と共同態の倫理学

カント倫理学を私は、「格率倫理学」と性格付け、また、「共同態の倫理学」と性格付けてきた。定言命法の「普遍的法則の法式」は、次のように法式化されている。「格率が普遍的法則になることを、それを通して汝が同時に意志し得るところのその格率に従ってのみ行為せよ。」また、「純粋実践理性の基本法則」は、次のように法式化されている。「汝の意志の格率が常に同時に普遍的立法の原理として妥当し得るように行為せよ。」カント倫理学は我々に、格率の在るべき在り方を説示している。その点について言えば、カント倫理学は《格率倫理学》である。カント倫理学が《格率倫理学》という形を採るのは、それが実践的主体としての人格の存在を顧慮し、人格の倫理的在り方を究明しようと志向しているからである。「形式的倫理学」（M・シェーラー）

であると批判されるカント倫理学ではあるが、倫理的共同態の構成員であるべき人格の存在に十分な顧慮を払って「定言命法」・「実践的法則」を法式化しているのである。そして、カント倫理学は、《格率倫理学》として人格の倫理的在り方を究明する際、人格が「目的自体」と見なされるべきものであることをも、十分に顧慮している。定言命法の「目的自体の法式」が導出されるゆえんである。人格が「目的自体」と見なされるべきものであるのは、人格が可能態において《自律的意志》の主体であるからである。そして、凡ての人格が倫理的在り方において在るとき、「目的の王国」という倫理的共同態が成立する、とカントは述べている。その点について言えば、カント倫理学は《共同態の倫理学》である。

一見すると、《格率倫理学》と《共同態の倫理学》とは、異質のものであるようにも思われる。なるほど、カント倫理学においては、いわゆる「心情倫理」が説示されている。その点について言えば、カント倫理学を《共同態の倫理学》と性格付けることは、困難であるようにも思われる。しかし、カントにおいては、《格率倫理学》は自他の人格の在るべき在り方を究明することを志向しているのであるから、当然、諸人格相互間の倫理的共同態の理念を提示するに至る。それぞれの人格が例外なく、倫理的在り方において在るとき成立するとカントが考える「目的の王国」は、一つの仮設的理念である。『人倫の形而上学の基礎づけ』において「目的の王国の法式」が定言命法の法式として定式化されていると見なし得るか否かについて断定することは避ける。私見によれば、「目的の王国」はあくまでも仮設的理念、更に詳しく言えば倫理的共同態についての規範理念である。「目的の王国」という倫理的共同態の理念に基づいてカントが定言命法を法式化しているとは、見なし難い。カントは、《格率倫理学》によっておのおのの人格の「意志の格率」の在るべき在り方を説示した。カントにおいては、「目的の王国」は、倫理的在り方におけるおのおのの人格の集合体として観念されている。カント倫理学は《共同態の倫理学》であるが、それは、あくまでも《格率倫理学》に則した《共同態の倫理学》なのである。

二　共同態理論

「共同態」という用語を私は、»Gemeinschaft«の訳語として用いる。一般的用語法においては、「共同態」は諸人格の共同的在り方を表す言葉として用いられ、「共同体」は諸人格がその内に在るところの政治体制・社会組織を表す言葉として用いられている。»Gemeinschaft«は、「共同態」をも「共同体」をも表す言葉である。

カント自身においては、»Gemeinschaft«は、「相互作用」を表す言葉として使用されている。ここでは、『純粋理性批判』における次の二つの用語法を挙げれば十分であろう。

（一）「経験の類推」の「第三の類推」は、次のように定式化されている。「**ゲマインシャフトの原則**　一切の実体は、それらが同時に存在している限り、汎通的ゲマインシャフト（すなわち相互間の交互作用）のうちにある」（第一版）。「**交互作用ないしゲマインシャフトの法則に従って**

の同時存在の原則　一切の実体は、それらが空間の内で同時的にあるものとして知覚され得る限り、汎通的交互作用のうちに在る」(第二版)。——「経験は諸知覚の必然的結合を通してのみ可能である」という「経験の諸類推の原理」に則して言えば、第二版における定式の方がより適切である。ここでは、「ゲマインシャフト」は、明らかに「力学的ゲマインシャフト」を表している。

(二)『純粋理性批判』、第二版の「純粋理性の誤謬推理について」の章においては、身心関係の問題は「一般に諸実体のゲマインシャフトはいかにして可能であるか?」という問いに還元されるが、これを人間の認識能力をもって解決することは不可能である、ということが述べられていた。ここに言われている「諸実体」が「叡智的諸実体」を表すことは、明らかである。

周知のように、『純粋理性批判』においてカントは、「道徳的世界」の理念を提示している。カントはライプニッツの予定調和説を否定しているが、カントのいう「道徳的世界」は、ライプニッツが考えた「恩寵の王国」(カント)と同じく、共同態的最高善が具現された世界なのである。

デカルト学派において身心問題の問題として提起された実体関係論は、ライプニッツにおいて、身心関係の問題という枠組みを超えて、世界を構成しているあらゆる実体相互間の汎通的交互作用についての実体関係論へと敷衍された。ライプニッツによれば、単子は他の単子に「本性的(物理的)影響」を及ぼすことはできない。したがって、諸単子相互間に実在的交互作用は成立し得ないと考えられている。しかし、諸単子相互間の予定調和によって、単子は他の単子に「観念的影響」すなわち見掛け上の影響を及ぼしている様相を呈し、我々の宇宙は最も完全な宇宙として存在している、とライプニッツは考えた。

カントの実体関係論について論及する際、我々は、『感性界と叡智界の形式と原理について』を看過することはできない。同論文においては、「相互作用」は、» commercium « という用語で表されている。同論文の叡智界構造論における根本問題は、私なりに定式化すれば、次のように表される。「叡智界の構成要素である諸単純実体相互間の汎通的コンメルキウムはいかにして成立可能であるか？」叡智界が「実在的全体」として存立し得るためには、そのコンメルキウムは「観念的、共感的」であってはならず、「実在的、本性的（物理的）」でなくてはならない、とカントは考える。したがって、彼は予定調和説、機会原因説を否定し、物理的影響説に与する。と言っても、凡ての単純実体は超越神によって「把持」されているがゆえに、諸単純実体相互間に「実在的、本性的（物理的）」な汎通的コンメルキウムが成立し得る、とカントは考えているのであって、それ以前に提唱されてきた物理的影響説をそのまま肯定しているのではない。当然のことながら、同論文においては、諸単純実体相互間の汎通的交互作用の成立の可能性を形而上学的に解明することが企図されている。

「経験の類推」の「第三の類推」を見れば明らかなように、ニュートン物理学について豊かな学殖を持っているカントは、自然的世界における諸実体相互間の汎通的な力学的交互作用についても大きな関心を抱いている。

現代物理学は、電磁相互作用、弱い相互作用、強い相互作用について、それらの物理的機制を**ゲージ理論**によって解明することに、かなりの程度まで成功している。その**ゲージ理論**は、「大統一理論」と呼ばれている。重力相互作用の物理的機制をも**ゲージ理論**によって説明するいわゆる「超統一理論」も今世紀中には完成されるのではないか、と私は思う。重力場の物理的機制については、A・アインシュタインがプリンストンの高等学術研究所において提唱された「統一場理論」を始め、様々な解明の試みがなされてきた。現代物理学においては、重力相互作用も重力子《グラビトン》という**ゲージ粒子**によって媒介されて成立するものであり、したがって重力相互作用の物理的機制も**ゲージ理論**によって解明され得るであろう、と考えられている。ちなみに、強い相互作用の最も典型的なものは核力であるが、核力場の物理的機制は湯川秀樹博士の中間子理論によって解明されたのである。谷川安孝博士・坂田昌一博士の二中間子理論によってやがて「π中間子」と命名されることになる湯川中間子こそ、その存在が予言され実験的に検証された最初の相互作用媒介素粒子[1]であった。つまり、現代の素粒子物理学における相互作用媒介素粒子の概念を最初に提唱されたのは、湯川秀樹博士だったのである。

カントは、重力の本質、すなわち重力相互作用の物理的機制は人間の認識能力では解明し得ない、と考えている。しかし彼は、「純粋自然科学はいかにして可能であるか?」を問うことを通して、『純粋理性批判』において、形而上学的思惟に依拠することなく、物理学の地平に立って、自然的世界についての実体関係論を展開している。そのことは、彼の論理学的思惟に少なからぬ影響を及ぼしている。別の理解の仕方も成立し得るであろうが、私の見る限り、カントは人倫共同態の理法としての、定言命法の諸法式及び「純粋実践理性の基本法則」を全く形而上学的思惟に依拠することなく法式化している。（カントにおいて人倫共同態が規範理念以上のものでないことについては、既に述べた。）

　周知のようにH・J・ペートンは、定言命法の「自然法則の法式」及び「目的の王国の法式」にカントの目的論的自然観が反映していることを力説している。しかし、カントの批判的倫理学の諸著作の全体と関連づけて『人倫の形而上学の基礎づけ』を読み返すとき、カント倫理学がペートンの言うほど目的論的自然観と緊密な関係にあるとは、私には思えないのである。

　カント倫理学は倫理的共同態のメカニズム論として展開されている、と私は考えている。『人倫の形而上学の基礎づけ』において、カントは、「義務は……理性的存在者相互の関係にのみ基づく」と言っている。ここにいう「義務」は、もちろん、倫理的義務をも包含している。カントにおいても、人格はそれらの相互主体的在り方において捉えられている。私は、カント倫理学の根本問題は、「諸人格相互間の汎通的な倫理的共同態はいかにして成立可能であるか？」という問いに定式化され得ると考えている。カントは、言わば機械論的＝法則定立的思惟によって「実践的法則」（道徳法則）・「定言命法」の概念を提示し、それを法式化している。カント倫理学が「形式的倫理学」としての性格を帯びることになる、根本的理由の一つである。

三　「人格」・「人格性」・「人間性」

和辻哲郎博士は『人格と人類性』所収の論文「カントにおける『人格』と『人類性』」において、「純粋理性の誤謬推理について」の章でカントが「超越論的人格性」の概念を提示している、と述べておられる。和辻博士によれば、カントは「超越論的主体」を「超越論的人格性」と規定している、という。そして、和辻博士は、M・ハイデッガーの基礎的存在論における「存在者」と「存在」との区別を念頭に置いて、「人格」は「存在者」であるが、「超越論的人格性」（ないし「道徳的人格性」）、「人類性」（=「人間性」）は「存在」である、という解釈を示しておられる。同論文は、「存在者」としての「人格」が「心理学的自我」と「肉体我」とを具えているものであることを明らかにすることによって、定言命法の「目的自体の法式」の正しい解釈の仕方を示した非常に優れた論文であり、その後のカント研究に多大な影響を及ぼしてきた。特に、「人格」、「人格性」という概念の理解の仕方に関しては、日本のカント研究は同論文における所説を受け継いできた、と見なしてよいであろう。

しかし、現在の私は、カントの「人格」、「人格性」の概念について、同論文における和辻博士の見解とは異なる理解の仕方をするようになっている。私の理解の仕方を示しておこう。

第一に、『純粋理性批判』においてカントが「超越論的人格性」という「人格性」概念を提示していることは見なし得ないのではないか、と私は考える。カントは第一版の「第三の誤謬推理」を批判する論述の中で、「それが単に超越論的である限りでの、すなわち他の仕方では我々に知られていないが、その規定のうちに統覚による汎通的結合が存しているところの主観の統一である限りでの人格性の概念」を提示し、合理的心理学における「人格性」の概念は成立し得ないが、「それにもかかわらず、実体や単純なものの概念と同様、人格性の概念もまた存立し得る。そしてその限り、この概念は実践的使用にとっても必要であり、かつ十分である」と述べている。和辻博士は、そこに提示されている「人格性」の概念をもって「超越論的人格性」の概念と理解しておられるが、私は、そこにおいては「人格性」という概念は、「人格性の誤謬推理」の大前提において用いられている「人格」という概念と表裏を成すものとして提示されているのではないかと思う。「人格性の誤謬推理」の大前提は、次のとおりである。「相異なる時間における己自身の数的自同性を意識しているところのものは、その限り人格である。」合理的心理学においては「己自身の数的自同性」とは、《心霊の実体としての自同性》を表す言葉であるが、「人格性の誤謬推理」が誤謬推理であることが明らかにされたのであるから、もはや《心霊の実体としての自同性》は意味を成さない。しかし、超越論的統覚による「主観の統一」において、我々は「己自身の数的自同性」を意識している。だから、カントは、「人格性の概念もまた存立し得る」と言っているのではないであろうか。

第二に、これは拙著『カント批判――場の倫理学への道』の中で述べたことであるが、カントにおいて「人格性」という用語は、和辻博士が解しておられるような存在論的意味で使用されているのではなくて、「人格」の存在様態を表す用語として使用されているのではないか、と私は思う。『人倫の形而上学』の「人倫の形而上学の序論」において、カントは、「人格」を「それの諸行為〔について〕引責能力を有するところの主体」と規定して、次のように言う。すなわち、「それゆえ、道徳的人格性は、道徳法則の下における理性的存在者の自由以外の何ものでもない。（しかし、心理学的人格性は、彼の現存在の相異なった状態における彼自身の自同性を意識する能力であるにすぎない。）」ここでは「心理学的人格性」に関しては「能力」という言葉が充てられている。しかし、「道徳的人格性」が「人格」の道徳的存在様態を表す概念であることは、ここにおいて明らかである。我々は「心理学的人格性」をも、そのような「能力」によって己自身の自同性を意識している「人格」の存在様態を表す概念と理解し得るのではないであろうか。ただ、『実践理性批判』に一箇所、「それゆえ、人格は、感性界に所属するものとしては、それが同時に叡智界に所属している限り、己自身の人格性に服従している」という記述がなされている。この箇所に限り、「人格性」という言葉は「叡智人」という言葉と同義に使用されていると解さざるを得ない。しかし、同書においても、「人格性」は「全自然の機制からの自由と独立」と規定されているのである。

第三に、ハイデッガーの基礎的存在論においては「存在者」と「存在」との関係は和辻博士が「カントにおける『人格』と『人類性』」において述べておられるような関係としては考えられていないのではないか、と私は思う。和辻博士によれば、「人格は『もの』であり、人格性はこの『もの』をこの『もの』たらしめる『こと』である」。『存在と時間』、『カントと形而上学の問題』においては、ハイデッガーは「存在者」(もの)と「存在」(こと)との関係をそのようには捉えていない。

それでは、カントにおいてはどのような「人格」の概念が成立しているであろうか。純粋理性は、無制約者の理念を定立し、それを対象的に把捉しようと志向する力動性を具えている。「純粋理性の力動性」という言葉をあえて使用する必要はないかとも考えるが、人間科学的に言えば、純粋理性のそのような機能も、心理的エネルギーが備給されることによって維持されるのである。さて、純粋理性によって理念的に定立される無制約者が「超越論的理念」である。「超越論的理念」には、「心理学的理念」、「宇宙論的理念」、「神学的理念」がある。そして、《純粋理性の力動性》に基づいて、認識主観の視界は限りなく拡大されてゆく。

さて、超越論的諸理念の中で、心理学的理念には一つの特異性が具わっている。合理的心理学の「唯一のテキスト」は純粋統覚であるが、それは「意識一般」であるにとどまらず、それぞれの認識主観の純粋統覚でもある。したがって、合理的心理学が論究の対象とする「超越論的主体」は、それぞれの認識主観の純粋統覚我でもあるのである。その点についてカントがどの程度、自覚していたのかについて断定することは避けるが、認識主観は純粋統覚において、己自身である「超越論的主体」にかかわり得るのである。純粋統覚を《純粋意識の論理形式》すなわち「意識一般」と見なさないで、それぞれの認識主観の純粋統覚と見なすならば、心理学的理念そのものである「超越論的主体」は、それぞれの認識主観の「超越論的主体」と見なされることになる。それは「存在」の範疇によって規定され得ないものであるにしても、それが実在しているものであることは、確かである。

もっとも、《純粋理性の第三の二律背反》においても、実践的主体の己自身へのかかわりがクローズアップされている、と見なすことができる。しかし、「純粋理性の二律背反」の章においては、「叡智的性格」はあくまでも仮説的理念として提示されているにすぎないのである。

認識主観は、超越論的諸理念を定立しそれらを把捉することを志向することによって、己自身である「超越論的主体」にかかわる。実践的主体としてもまた、人格は、「叡智的性格」における自己自身にかかわる。それゆえ、人格は、言わば「脱自的構造」を具えているのである。第一版の「純粋理性の誤謬推理について」の章において、カントは、純粋統覚を「唯一のテキスト」にして、心霊の実体性・単純性・数的自同性、そして「外的関係の観念性」を解明することは不可能であることを、明らかにした。換言すれば、「超越論的主体」を「心霊」という実体論的概念によって把捉しようとする試みが不適切であることを明らかにした。そこでは、純粋統覚我が、心理学的理念そのものである「超越論的主体＝X」であることも、明らかにされた。

「超越論的」という用語は、カント自身においても必ずしも一義的に用いられてはいない。「超越論的」という用語の理解の仕方は、例えばハイデッガーとK・ヤスパースとでは、大きく異なる。しかし、「超越論的」という用語が「超越する」という言葉と無関係でないことは、確かである。今、心理学的理念に限定して言うなら、認識主観が脱自的に「超越論的主体」にかかわる、認識主観のその超越作用を、「超越論的」と規定することができるであろう。「統覚の超越論的統一」は、それぞれの認識主観が己自身の「超越論的主体」（すなわち純粋統覚我）にかかわる、その「超越論的」かかわりにおいて成立する。それぞれの認識主観は、必ず意識内容を具えているはずである。したがって、「統覚の超越論的統一」は、具体的意識内容についての能動的統一であるはずであり、実在的作用であるはずである。「純粋理性の誤謬推理について」の章においては、「統覚の超越論的統一」について直接的言及はなされていないし、さらに、純粋統覚は首尾一貫して《純粋意識の論理形式》と見なされているようにも思われる。

しかし、「第三の誤謬推理」の批判において「それが単に超越論的である限りでの、すなわち他の仕方では我々に知られていないが、その規定のうちに統覚による汎通的結合が存しているところの主観の統一である限りでの人格性の概念」を提示するとき、カントは、「統覚の超越論的統一」を念頭に置いているのではないであろうか。そのように理解することによって、「その規定のうちに統覚による汎通的結合が存しているところの主観の統一」という言葉の意味が非常に明快になる。そして、「統覚の超越論的統一」が実在的統一である限り、その実在的統一に即して、「実体や単純なものの概念と同様、人格性の概念もまた存立し得る」、とカントは考えているのではないであろうか。

以上、私は、主に「純粋理性の誤謬推理について」の章に即して、人格の脱自的構造について述べた。『人倫の形而上学』における「人格」の規定についても既に紹介した。しかし、『人倫の形而上学』における「人格」の概念は、その規定の中に汲み尽くされているわけではない。拙著『カント研究――批判哲学の倫理学的構図』において強調したことの一つは、カントの法哲学においては、「人格」が所有権の主体として把握されているということである。カントの法哲学においては、特に民事法についての論述の中で、「外的な我のもの・汝のもの」という概念が頻繁に使用されている。カントによれば、自然状態においても各人が「外的な我のもの・汝のもの」を「暫定的」に取得し占有することは可能である。カントは「自然状態における法」を「私法」と呼び、それを「実践理性の許容法則」と考えている。しかし、自然状態においては各人が「外的な我のもの・汝のもの」を「決定的」に取得し占有することは不可能である。カントは、「各人に彼のものを配与せよ」という、「正義」についてのキケロ＝ウルピアーヌスの定式を念頭に置いて、「配分的正義」の理念を提示している。アリストテレスのいう「配分的正義」、「調整的正義」、「交換的正義」は、キケロ＝ウルピアーヌスの定式においては一括的に把握されているのであり、カントのいう「配分的正義」も、「調整的正義」、「交換的正義」をも包括する概念である。カントは、「国家」の最も重要な機能は「配分的正義」を実現することにある、と考えている。

人格は所有権の主体であるのだから、諸人格相互間の倫理的共同態は法的社会秩序を踏まえることなくしては成立不可能である。「目的の王国」は、諸人格相互間の倫理的共同態であるが、そこにおいても諸人格は「外的な我のもの・汝のもの」の所有権の主体として存在しているのである。

しかし、人格を所有権の主体として把握しているがゆえに、カントは奴隷には「人格性」を認めていない。我々が崇敬してやまないカントの思想も、やはり時代的制約を被っているのである。

四　自然的世界の存在機制

拙著『カント批判』において、私は、「経験の類推」の三つの原則は文字どおり「類推」の原則であって、統整的原理としての機能しか有していないのではないか、ということを述べた。その論証法については、同書を見ていただく他ないので、ここではその輪郭だけを説明しておく。「第三の類推」において、カントは「同時存在」を、厳密な意味での「同時存在」とは解していない。そこに挙げられている例に従って言えば、今、A、B、C、D、Eという五つの実体が存在していて、我々がそれらをA→B→C→D→Eという順序で知覚することもできるしE→D→C→B→Aという順序で知覚することもできるならば、カントは、それら諸実体は「同時に存在している」、あるいは、それら諸実体は「空間の内で同時的にあるものとして知覚される」、と考えているのである。なるほど、そのように知覚の順序の可逆性が成り立つ場合には、それら諸実体が或る一定の時点においては厳密な意味で「同時存在している」ことも確かであるが、「第三の類推」の定式において観念されている、諸実体相互間の汎通的な力学的交互作用は、諸実体の存在様態に即しての交互作用であるのだから、カントは我々が諸実体をA↓B↓C↓D↓Eという順序で知覚するのに要する時間とE↓D↓C↓B↓Aという順序で知覚するのに要する時間との和としての「一定の時間量」を持った時間における近似的な「同時存在」を考えているはずである。その「一定の時間量」が経過する間には、諸実体相互間の交互作用は進展し、諸実体の存在様態は変化を被っているはずである。カントが「第三の類推」において厳密な意味での「同時存在」を念頭に置いていないということは、拡大して言えば、彼が「経験の類推」の諸原則を、或る程度緩やかな原則として提示しているということである。

自然的世界の存在機制は、換言すれば、諸実体相互間の汎通的な交互作用によって成立している。それら諸実体の交互作用の全体が、《物理的＝力学的因果連関》である。「第三の類推」が緩やかな原則である限り、それに則り「諸知覚の必然的結合」に基づいて「類推」される自然的世界の存在機制が、厳密な意味での因果連関を成しているとは、見なし難い。「第二の類推」すなわち**因果律**は、自然的世界における諸事象の因果連関における一定の因果系列について妥当する。しかし、自然的世界における諸事象の因果連関そのものは緩やかなものとしてしか「類推」され得ないものであるのだから、その因果連関において看取されるいかなる任意の因果系列も、あくまでも、緩やかな因果連関の内で成立する因果系列でしかない。我々はその因果系列において、緩やかな因果関係の成立しか認めることができないのではないであろうか。

私は、カントの「経験の類推」の理論において、既にいわゆる「緩やかな決定論」が成立していると考える。そのことについての論証は色々な仕方でなされ得ると思うが、ここでは私が『カント批判』において提示した、もう一つの論証法を示しておこう。《現象 Erscheinung》は《物自体 Ding an sich selbst》の《現象態 Phänomen》であり、《現象界》は《物々自体》の《現象態》である、と私は考える。**超越論的観念論**においては、物々自体の世界の存在が想定されている。物々自体の世界すなわち世界それ自体もまた、それの存在機制を具えているはずである。カントは「経験の類推」の理論において、認識主観の識閾（＝意識の境界）の内部で、自然的世界の存在機制を構成している諸法則を定式化している。しかし、自然的世界それ自体の存在機制を構成している諸法則は、因果律も含めて、認識主観の識閾の内部においては、「類推」の原則としてしか成立し得ないことを、カントは見極めているのである。極言すれば、「経験の類推」の理論を踏まえるならば「純粋理性の二律背反」の章における「第三の二律背反」は意味を成さないのではないか、とも私は考える。

そして、既に述べたように、人格は、その脱自的構造において、己自身である「超越論的主体」に「超越論的」にかかわりながら存在している。したがって、その点においても、人格は自然的世界の存在機制に制縛されずに存在し得るのであり、意志の自由を具えた存在者と見なされることができるのである。

ただし、仮に自然的世界の存在機制が厳格な原因性によって規定されているとすれば、人格のそのような脱自的構造を顧慮しない限り、「純粋理性の二律背反」の章における「第三の二律背反」が生ずるのは、避け難いことである。

五　諸人格の共同態

『実践理性批判』の本論の冒頭に「実践的法則」の概念が提示されているのは、果たして適切なことであろうか。そこでは、「実践的法則」が客観的妥当性を具えたものであることが、自明のこととして前提されている。なるほど、『人倫の形而上学の基礎づけ』において「実践的法則」（道徳法則）・「定言命法」の概念が提示され、定言命法の法式化がなされていた。しかし、同書においては、「実践的法則」（道徳法則）・「定言命法」が客観的妥当性を具えたものであることは、論証されていない。それらは、厳密に言えば、仮説的概念として提示されていたのである。なるほど、『実践理性批判』においては、「純粋実践理性の基本法則の意識」は「理性の事実」であることが明言されている。「純粋実践理性の基本法則」はもはや仮説的概念ではなくなるのである。私見によれば、カントは、『人倫の形而上学の基礎づけ』の執筆作業を通して「実践的法則」（道徳法則）・「定言命法」の客観的妥当性を確信するに至り、したがって《格率倫理学》の正当性についての確信を深めたからこそ、『実践理性批判』の本論の冒頭に「実践的法則」の概念を提示しているのである。

「実践的法則」は「格率」一般とは異なり、普遍妥当的でなくてはならない、とカントは言う。そのように言うとき、彼は「実践的法則」を、諸人格相互間の汎通的な倫理的共同態を成立可能ならしめる規範法則として考えているのである。

シェーラーの『超越論的方法と心理学的方法――哲学方法論の根本的論究[2]』は、シェーラーの倫理学について知るうえでも、看過することのできない重要な書物である。カントの認識論・倫理学ないしマールブルク学派の「超越論的方法」に対するシェーラーの批判が、同書、第二章「超越論的方法の描出と批判」における中心課題になっている。同書において、シェーラーは、次のように述べている。「私が私の格率を、まさしく私の場合がそうであるこの完全に具体的な場合に至るまで個別化するならば、私は根本において常に、格率が普遍的立法の原理であることを欲することができるのである。なぜなら、この場合がもう一度、精確に同一の諸特徴を具えて存在するであろうということはほとんどないであろうからである。」一見、これは「汝の意志の格率が普遍的立法のための原理を与え得るように行為せよ」という「純粋実践理性の基本法則」――それをシェーラーはこのように法式化している――に対する正当な批判であるようにも思われる。しかし、「純粋実践理性の基本法則」もまた、諸人格相互間の汎通的な倫理的共同態を成立可能ならしめる規範法則であること、したがってカント倫理学が本質的に《共同態の倫理学》であることを顧慮するならば、右に見たシェーラーのカント倫理学についての批判は誤っている、と言わざるを得ない。

「実践的法則」（道徳法則）・「定言命法」をもって諸人格相互間の汎通的な倫理的共同態を成立可能ならしめる規範法則とするカントの思惟様式は、「経験の類推」の理論において哲学的に描出されているニュートン力学の思惟様式から多大な影響を被っていると同時に、近代社会契約論からも少なからぬ影響を被っている。近代社会契約論においては、アトム的個人の存在はコモンウェルス（国家）の存在に理念的に先行するものと考えられている。アトム的個人は、いわゆる「自然状態」においては、主我的意欲の主体である。カントは、「根源的契約は単なる理念である」と言っている。国家の支配・統制を括弧に括れ《アインクランメルン》ば、近代市民社会は自然状態の様相を呈し、アトム的個人相互間に「外的な我のもの・汝のもの」の取得・占有をめぐっての確執が、少なくとも可能態においては、生ずることになる。カントは、諸人格相互間の汎通的な倫理的共同態が自然発生的に成立し得るものであるとは、全く考えていない。彼が人倫共同態の理法を「実践的法則」（道徳法則）・「定言命法」として提示するのは、そのことを念頭に置いている。

カントにおいては、その内に我々人間が存在しているところの《場》としての倫理的共同態の理念は、確立していない。「目的の王国」という倫理的共同態の理念は、仮設的な規範理念でしかなかった。

ただし、『単なる理性の限界内の宗教』においては、カントは批判的倫理学における《共同態の倫理学》を超える地平に立って、集団力学的な倫理的共同態の理念を提示している。すなわち、「倫理的公共体」における人々の「心胸の合一」によって人類・社会の真の「道徳化」が可能になることを、カントは力説している。倫理的共同態は、諸人格相互間の汎通的な倫理的交互作用によって成立するものであるが、倫理的に行為する諸個人の集合体であるにとどまらず、集団力学的に把握されるべき固有の地平において成立するものなのである。私が《場の倫理学》という学問の理念を提唱するのも、そのことを念頭に置いてのことである。《場の倫理学》の立場から言えば、その内に我々が存在しているところの《場》としての「共同態」（共同体）についての社会科学的研究・人間科学的研究が倫理学的に重要な意味を持つことになる。私自身の《場の倫理学》についての考えは、拙著『カント批判』の「精神分析学的考察」の章、拙著『倫理の探究』の第二章「場の倫理学」——特にその第二節「本居宣長の古学——『玉勝間』に即して」——及び徂徠学に論及した「結び　日本人の倫理観」において、或る程度自分で納得し得る形で論じてある。

結び

本稿は、昭和六十三年十二月三日、京都大学で開催される日本カント協会第十三回学会での「特別報告」の原稿である。引用文、引用語句等は凡て筆者の二冊のカント研究書、『カント研究』、『カント批判』に引用されているものであるし、また、口頭発表の原稿として執筆したものであるので、引用箇所を示さなかったが、右記の二冊の著書に明示してあるので、それを見られたい。なお、引用文中の傍点は、筆者が施したものである。右記の二冊のカント研究書の執筆に際して用いた参考文献が、本稿の参考文献である。なお、定言命法の諸法式の呼称（例えば「普遍的法則の法式」）は、H・J・ペートン『定言命法』（ロンドン、一九四七年）で用いられている呼称を使用した。

注

（1）ここでは、光子が電磁相互作用を媒介するゲージ粒子、したがって相互作用媒介素粒子であることは措いて、「素粒子」という言葉を、原子を構成する素粒子（核子・π中間子と電子）の意味で使用する。厳密な意味での「素粒子」の概念が世の中に普及する以前の、そしてクォーク・モデルが提唱される以前の、「素粒子」という言葉の用語法である。その後、クォーク理論によって、陽子、中性子は三つのクォークの結合体であり、中間子はクォークと反クォークの結合体であることが解明された。私が少年時代に馴染んだ、「素粒子」という言葉の用語法では、陽子・中性子・π中間子と電子・陽電子が「素粒子」であった。なお、π中間子はボソンであるが、質量を有し、かつ複合粒子であるので、ゲージ粒子には数えられない。ただし、湯川博士の中間子理論は素粒子物理学の形成・確立において大きな役割を果たしただけでなく、ゲージ理論のパラダイムの形成に大きく寄与している。

（2）マックス・シェーラーの教授資格論文。私の拙訳『超越論的方法と心理学方法――哲学的方法論の根本的論究』が『シェーラー著作集14　初期論文集』（白水社、一九七六年）に収録されている。

倫理学研究会編『倫理思想―新しい思索を求めて―』（自由書房，1984年）に共著者として加わらせていただいた。

＊自著についての修訂

『共同態の倫理学――カント哲学及び日本思想の研究』52ページ11行目の〈相互媒介粒子〉を〈相互作用媒介粒子（遠距離力媒介粒子）〉に改め，同書53ページの1行目，2行目の〈相互媒介粒子〉を〈相互作用媒介粒子（近距離力媒介粒子）〉に改める。

『近世武士道論』110ページ13行目の〈云へり〉を〈云り〉に改める。

『カントの批判哲学と自我論』80ページ25－26行目の〈nach Recht und Gerechitigkeit〉を〈nach Recht und Billigkeit〉に改める。

『文化の中の哲学をたずねて』217ページ6－7行目の〈ならびに……参照。〉を，書名の後ろに参照箇所を補って，〈併せて、ヨハネス・ケプラー著、大槻真一郎・岸本良彦訳『宇宙の神秘』（工作舎、一九八二年、初版、二〇〇九年、新装版第三刷）の「ケプラー年譜」、参照。〉に改める。

〔**付記**〕3番目の修訂箇所の〈nach Recht und Billigkeit〉について付言すれば，「正義」(Gerechtigkeit，Recht)・「衡平」(Billigkeit)は，法哲学・倫理学において極めて重要な概念である。「正義」・「衡平」については，私は旧稿「正義論断章」（静岡新聞，1981年7月31日付朝刊）において，アリストテレスの正義論を基本にして解説したことがある。『カントの批判哲学と自我論』において私が，『純粋理性批判』第2版の，「正義と衡平」という語句が記されている「霊魂の持続性〔＝不死性〕についてのメンデルスゾーンの証明の論駁」（B413－418）に付された脚注に目を留めているのも，そのようなことによってであったはずである。

「カントの学問論」という題目で研究発表を行なった。それらの論考・研究発表において，私は，『純粋理性批判』の「超越論的弁証論」における，「超越論的理念」＝「無制約者」（das Unbedingte）についてのカントの論述を念頭に置いて，無制約的真理（全体的真理）を追究する点に哲学の本質が存することを強調している。その当時は気づかないでいたが，哲学が追求する真理の無制約性に即して考えれば，哲学には本源的に――哲学・倫理学における学際的研究を促進するポテンシャルとともに――諸科学において学際的研究を促進するポテンシャルが備わっているはずである。やがて，自然科学への関心の深まりとともに，私は，自然科学における自然的世界の深奥を窮めようとする真理探究の在り方の哲学的意義についての認識を深めて，哲学・哲学史と科学史との学際的研究の重要性を認識するに至った。

補遺

＊本書が，著者の念頭においては，哲学叙説・倫理学叙説としての意味を有する著作であること，また，本書が西洋近代哲学の形成・発展の軌跡を辿る哲学史的記述を含む著作であることとの関連で，以下に，自分が分担執筆している倫理学の事典と哲学史・倫理思想史分野の共著を挙げておきたい。倫理学の事典関係では，私は金子武蔵編『新倫理学事典』（弘文堂，1970 年）に「道徳教育の部」の執筆者の一人として加わらせていただいた。哲学史・倫理思想史関係では，私は小倉志祥編『西洋哲学史』（以文社，1979 年），大島康正編『倫理学の歩み』（有信堂高文社，1982 年），

私の最初の芭蕉論の題名は，「こもを着た旅人　芭蕉における超俗の形態」（静岡新聞，1984 年 4 月 21 日付朝刊）であった。もちろん，超俗の思想がそのまま求道の精神に直結するわけではないが，西行や芭蕉の大行脚においては超俗と求道は一体のものであったはずである。（芭蕉の超俗の思想に関しては，私はその後，芭蕉「幻住庵の記」に即して小論考「幻住庵の松尾芭蕉」を執筆して，自著『共同態の倫理学――カント哲学及び日本思想の研究』に，「付論」の二として収録した）。西行や芭蕉の審美的求道への憧憬や，カントの格率倫理学の影響もあって，私は青年期以来，求道に徹する，求道者の《意志》に関心を持ってきた。求道に徹するという，求道者の《意志》についての私の関心は，鈴木正三『驢鞍橋』や山本定朝『葉隠』を繙くことによって，超俗を志向する求道者たちの《意志》だけでなく，禅仏教や武士道における《意志》にも及ぶに至った。日本倫理学会大会の「自由課題」の部で行なった研究発表「『葉隠』に及ぼした鈴木正三の影響」（1994 年 10 月）は，日本思想における《意志》についての関心を基底とする，私の研究成果の一部である。その研究発表を契機に，私は，自分自身における，カント研究と日本思想研究との相互補完性を改めて認識するに至った。

○ 30 歳前後の時期，私はカントの大学論やヤスパースの大学論を繙いたのを契機として，カントの学問論に関心を抱くようになった。そして，その時期，私はカントの学問論・大学論に関する二つの論考，すなわち「学問・大学・哲学」（「大東文化」（大東文化大学広報室），第 234 号（1971 年 11 月），第 235 号（1972 年 1 月））と「カントの大学論」（『哲学と教育』（愛知教育大学哲学会），No. 19（1971 年 12 月））を執筆した。また，1972 年 10 月，私は日本倫理学会大会の「自由課題」の部で，

結び　哲学・倫理学の学際的地平について

旧稿「素粒子の超伝導モデルについての考察」（初出誌は，『愛知教育大学研究報告』第64輯（人文・社会科学編）。以下，「紀要論文「素粒子の超伝導モデルについての考察」」と記す）の「序」の後半部で，私は自分の思索の歩みを振り返りながら，次のように記している。「哲学的倫理学の研究は，私の場合には，カントの批判哲学の研究を主軸とする，哲学することの営為（philosophizing）であった。私は，カント哲学の研究と並行して日本文学・日本思想の研究に携わってきたが，それはある意味での学際的研究を意図してのことであった。哲学的倫理学における学際的研究の役割には，少なからぬものがあるはずである」。――そして，私は，右の引用文の２番目と３番目のセンテンスに付した注（紀要論文「素粒子の超伝導モデルについての哲学的考察」の注２と注３）において，哲学的倫理学の研究における学際的地平および学際的研究の役割に言及している。以下においては，それらの注に加筆を施す形で，哲学・倫理学の学際的地平に関する自分の思索について述べてみたいと思う。なお，紀要論文「素粒子の超伝導モデルについての考察」の「序」は，同論文を旧著『カントの批判哲学と自我論』へ収録する際に改稿を施しているので，上記の引用文・注は，同書には収録されていない。

○私は，西行法師や松尾芭蕉の超俗の思想の根底に存する，徹底した求道の精神に共感を抱いてきた。西行や芭蕉の場合には，超俗の極まりは，薦を着た旅人であった。ちなみに，るのではない。「コペルニクス革命」に関連する論議においては，カントは，ユークリッド幾何学がそれの典型に他ならない純粋数学，及び近代物理学，近代化学は数学者たち及び自然科学者たちの思考の投げ入れ（Hineindenken/Hineinlegen）によって，すなわち，彼ら自身によって理論的に組み立てられた仮説を，数学研究，科学研究の対象へ投げ入れて，それを実験，すなわち，数学の実験（幾何学的／解析学的吟味）及び物理学／化学の実験によって検証するという営為によって，樹立され，発展してきた，と考えている。（我々の文脈における 'Hineindenken', 'Hineinlegen' という語の用語法に関しては，Bxii, xiv を参照されたい。）それと比較すれば，コペルニクス自身が成就した天文学革命の場合には，コペルニクスの天文学上の仮説（すなわち，太陽を宇宙の中心とする，コペルニクスの宇宙体系論）の，太陽系の動力学的メカニズムへの，すなわち諸惑星及び恒星の軌道運動のメカニズムへの投げ入れは，それ自体，思考実験と規定されるべき実験であった。カントは，彼に先行する哲学者たちの認識論についての批判的思考実験を行なって，認識論における「コペルニクス革命」（「コペルニクス的転回」）を達成した。その結果，カントは，認識論の再構築を完全に達成するに至った。彼によって提唱された**超越論的観念論**に基づいて，彼は**超越論的哲学**を構築した。

＊5　自分のフロギストン学説を実験によって証明するために，シュタールは，カントが言及している実験を行なった。周知のように，ラヴォアジエは，彼によってなされた酸素の発見に基づいて，燃焼は酸化によるものとする，酸化の燃焼理論を構築した。シュタールのフロギストン学説は，ラヴォアジエの燃焼理論によって完全に覆された。燃焼理論における，シュタールの燃焼理論からラヴォアジエの燃焼理論へのパラダイムシフトは，化学史における歴史的な革命であった。Cf. Thomas S. Kuhn, *The Structure of Scientific Revolutions*, 4th edition, 2012, pp. 56–57.

注

＊1　本章においては，我々は ‘the Copernican revolution’（コペルニクス革命）という言葉を，‘die kopernikanische Wendung’（コペルニクス的転回）の同義語として使用する。科学史研究においては，「コペルニクス革命」という言葉は，太陽を宇宙の中心とする，コペルニクスの宇宙体系論に起源を発し，近代物理学・近代天文学の形成及び確立に大きく貢献した科学革命の意味で使用されている。ニュートンは，ニュートン力学と規定される数学的物理学を構築した。彼は，ラプラスによって完成される，太陽系の天体力学の基礎を据えた。ニュートン物理学の体系は，彼の『自然哲学の数学的原理』において精細に叙述されている。カントが彼の純粋理性批判によって達成された「考え方の革命（Revolution der Denkart）」（Bxi）を，「コペルニクス的革命」，換言すれば，「コペルニクス的流儀の革命（a revolution in the Copernican fashion）」(Kant, Immanuel, *Critique of Pure Reason*, translated, edited, with an Introduction by Marcus Weigelt, based on the translation by Max Müller, p. xxxi) と見なしていることは，確かである。

＊2　西洋近世天文学においては，月は，惑星と見なされていた。そして，月の軌道の天球が，前提とされていた。

＊3　周知のように，ガリレオは，望遠鏡を用いての天体観測によって，コペルニクスの，太陽を宇宙の中心とする，宇宙体系論の発展に大きく貢献した。しかしながら，実際には，ガリレオは，潮汐が地球の自転・公転の決定的証拠，すなわち我々に，コペルニクスの，太陽を宇宙の中心とする，宇宙体系論の証明を決定的に与えるその事象であると考えたために，太陽を宇宙の中心とする宇宙体系論の証明に成功してはいない。潮汐が地球と月との引力相互作用によって引き起こされるということは，アイザック・ニュートンによって解明されたのである。ニュートンによって万有引力が発見され，万有引力の法則が定式化されるまでは，潮汐のメカニズムを物理学的に解明することは，不可能であった。

＊4　「実験」という言葉は，ここでは直接的に科学実験を意味す

代化学は，実験的方法を使用することによって，構築された。実験的方法は，カントによって，哲学に導入された。哲学の方法としての実験的方法についてのカントの考えは，超越論的主観についての彼の考えと緊密に結びついている。超越論的主観の知性的能動性なくしては，実験的方法は，科学研究，哲学研究に適用されることはできない。実験は，認識ないし科学研究の主観／主体の，能動的営為である。科学研究を行なう自我は，能動的に思惟する主観／主体である。実験的方法を哲学に導入することによって，カントは，自我論の再構築をも包含する，認識論の批判哲学的再構築を達成した。カント哲学においては，超越論的主観は，同時に，実験的方法を使用することによって，科学研究，哲学研究を行なうことのできる，まさにその主観／主体であると，考えられている。

デカルトのコーギトー命題の影響を受けて，カントは純粋統覚の超越論的作用を，「我考う」という公式に定式化した。カントは，「我考う」の**我**を，哲学研究，科学研究を能動的に営為する**我**と考えた。さらに，カントは，「我考う」の**我**を，我々の道徳的実践の真の主体と考えて，それに「本来的自己」（『人倫の形而上学の基礎づけ』，Akademie Ausgabe Ⅳ 457）ないし「道徳的人格性」（『人倫の形而上学』，Akademie Ausgabe Ⅵ 223）という術語を適用した。

自我論哲学におけるパラダイムシフトが自然科学の発展，とりわけ古典力学の発展によって誘発され促進されたということは，確かである。西洋近代哲学は，デカルトによって形而上学的に認識され解明された「コーギトー」に基づいて樹立された。カントは，彼の超越論的哲学を構築した。精神についてのデカルトの考えは，超越論的主観についてのカントの考えに置き換えられるに至った。

哲学の再構築のために不可欠であった。カントは，次のように記している。「形而上学の従前の方法を変更するあの試み，そして，我々が幾何学者たち，自然研究者たちの模範例に従って形而上学の完全な革命を行なうことが，この純粋思弁理性批判という仕事の実質である。それは，方法についての論考であって，学問そのものの体系ではない。それにもかかわらず，それは，学問の限界並びに学問の内的構造全体に関して，学問の全体的輪郭の目録を作成する」(Bxxiif.)。認識論における「コペルニクス的転回」は，少なくともカントにとって，同時に，思弁的哲学における「完全な革命」であったということは，明白である。

第二節　デカルトの自我論からカントの自我論へのパラダイムシフト

デカルトの『省察』の「第三省察」においては，精神は思惟実体（substantia cogitans）と規定されているのではなくて，思惟するもの（res cogitans）と規定されている。精神を思惟実体と規定するためには，それに先行して，精神と身体／物体との実在的区別を証明することが，必要である。『省察』では，「思惟実体」の確定した概念は，「第六省察」で初めて現れるのである。

カントによって指摘されているように，純粋数学は，古代ギリシャで，（幾何学上の）実験的方法を使用することによって，基礎づけられた（cf. Bxff.）。カントによれば，コペルニクスもまた，実験的方法を使用することによって，太陽を宇宙の中心とする，彼の宇宙体系論を着想した（cf. Bxvi）。カントによって述べられているように，近代物理学及び近象のア・プリオリな認識の，要求されている可能性と，もともとより良く一致するのである。これに関しては，事情は，全星群が観察者の周りを回転しているとコペルニクスが想定したときには，天体の諸運動の説明がうまくできなかったため，彼が観察者を回転させ，それに対して星々を静止させたときには，もっと良く説明ができるのではないかどうかを試した，コペルニクスの最初の考えと全く同様である。形而上学において，我々は，諸対象の直観に関して，それに類似した仕方で，実験を試みることができる[*4]」(Bxvif.)。

ちょうどコペルニクスが，彼の思考実験によって，地球中心説を太陽中心説に転換させたように，カントは，彼の思考実験によって，我々の認識は我々の認識の諸対象に従わなければならないという考え方を，「諸対象が我々の認識に従わなければならない」という考え方に転換させた。認識論的思考実験を遂行することによって，カントは超越論的哲学の認識論を構築して，超越論的観念論を提唱した。超越論的哲学の認識論と超越論的観念論との構築によって，カントは，超越論的自我の認識論的主体性を解明した。認識論的主体性の主観は，同時に，実践的能動性の主体であるはずである。その実践的能動性の主体は，「道徳的人格性」(Akademie Ausgabe Ⅵ 223) に他ならない。

そこにおいてカントが，ガリレオ，トリチェッリ，そしてシュタール[*5]によって行われた科学上の実験に言及している段落の脚注で，カントは「実験的方法」(BⅧ fn) という言葉を用いている。実験的方法を哲学に導入することによって，カントは認識論における「コペルニクス的転回」を達成したのであるが，その「コペルニクス的転回」は，伝統的な思弁的に神の遍在の証拠と見なすイギリスの自然哲学者たちとの間で交わされた，真剣な論争の内容豊富なドキュメントである。我々は，万有引力の原因（起源）を巡っての彼らの論争に関心を持っている。我々は，太陽中心説の展開の歴史における，すなわち，「コペルニクス革命」の完成過程における，デカルトが果たした注目すべき役割を，看過することはできない。『宇宙論』の著者デカルトは，同時に「哲学の第一原理」としての「コーギトー」の発見者である。デカルトの哲学思想においては，太陽中心説と，「超越論的統覚」（カント）の作用に他ならない「コーギトー」とは，本質的に統一されている。デカルトにとっては，「哲学の第一原理」は，自然哲学の第一原理に他ならない。近代天文学及び近代物理学の形成が著しい発展を見せた時代に，デカルトは，彼の宇宙についての観点の基礎として，太陽を宇宙の中心とする，コペルニクスの宇宙体系論を受容して，西洋近代哲学の確立に大きく貢献した。デカルトは，「コーギトー」に基づいて構築されている彼の形而上学と，コペルニクスの宇宙体系論に基づいて構築されている彼の宇宙論との本質的連関についての鋭敏な洞察を有していた。

我々は，カントが，コペルニクスによって遂行された‘revolution’に言及している段落を引用しておきたい。そこには，次のように記されている。

「それゆえ我々は，一度，我々が形而上学の諸課題に関して，我々が，諸対象が我々の認識に従わなければならないと想定することによって，〔我々の研究が〕もっとよくはかどるのではないかどうかを試してみようと思うのである。このように想定することは，諸対象に関して，諸対象が我々に与えられる前に，何か或ることを確定すべき，諸対

Revolution der Denkart）と，この革命を成就した幸運な人との物語は，我々には伝承されていない」(Bxi)。しかし，我々は，科学用語としての‘revolution’という言葉がパラダイムシフトという意味での‘revolution’の概念，とりわけ宇宙体系論における‘revolution’の概念，すなわち，地球を宇宙の中心とするプトレマイオスの宇宙体系論から，太陽を宇宙の中心とするコペルニクスの宇宙体系論へのパラダイムシフトの概念と本質的な関係を有するという事実を，看過することはできない。とりわけコペルニクスとガリレオは，地球中心説から太陽中心説への，宇宙体系論のパラダイムシフトに大きく貢献した。ガリレオは，近代物理学の確立者であり，また，望遠鏡を用いて天体観測を行なった天文学者であった。[*3] それとは対照的に，デカルトは，本質的に形而上学者，自然哲学者であった。それにもかかわらず，我々は，デカルトの没後に公表された著作『宇宙論』に体系的に記述されているデカルトの宇宙論の天文学史的意義を看過してはならない。数学的物理学，数学的天文学と特徴づけることのできる，近代物理学，近代天文学のパラダイムは，ガリレオと彼と同時代の天文学者ヨハネス・ケプラーによって構築された。言葉の本来の意味におけるコペルニクス革命，すなわち，コペルニクスと彼の信奉者たちによって達成されたコペルニクス革命は，自然哲学（自然科学）の著しい進歩として展開して，近代西洋哲学の世界観の展開に貢献した。デカルトの世界観（Weltanschauung）は，ホイヘンスやライプニッツの思想に影響を及ぼした。ライプニッツ–クラーク往復書簡集は，ニュートンの万有引力，すなわち遠隔作用（actio in distans/die Fernwirkung）を，理解不可能な相互作用と見なすヨーロッパの自然哲学者たちと，万有引力をまさプトレマイオスは，彼の数学的天文学，すなわち，プトレマイオスの地球中心説を構築した。地球中心説のパラダイムは，地球の周りを太陽及び星々（惑星，恒星）が公転しているという考えの上に構築されている。それとは対照的に，太陽を宇宙の中心とする宇宙体系論（太陽中心説）は，太陽の周りを地球及び星々が公転しているという考えの上に構築されている。コペルニクス及び彼の後継者たちによってもたらされた天文学の革命は，宇宙体系論における革命的なパラダイムシフトであった。我々は，'revolution' が，プトレマイオスの宇宙体系論においてだけでなく，コペルニクスの宇宙体系論においても，天球の revolution（回転）と考えられているという事実を，看過してはならない。天球の回転という考えは，徐々に，宇宙の中心と見なされた太陽の周りを諸惑星が回転／公転しているという考えに転換していった。[*2]

認識論における「コペルニクス革命」は，もちろん，天文学上の 'revolution' の考えとは無関係に遂行された。カントが「コペルニクス的転回」に言及している諸段落では，'revolution' という言葉は，'Umänderung der Denkart'（Bxvi）の意味で用いられている。例えば，カントは，次のように記している。「……むしろ私が推量するには，長い間，数学は（特にエジプト人たちの間ではいっそう）模索状態にとどまっていたのであり，或る一人の人の，或る試みのうちでの幸運な着想が成就したこの変革は一つの革命に帰せられるべきであり，この人以降，人が取らなければならなかった進路はもはや踏み外されようはなかったし，学問の確実な歩みは永遠に，無限の遠方まで基礎づけられ，指し示されていたのであった。あの有名な岬〔喜望岬〕を周る航路の発見よりもはるかに重要であった，思考法のこの革命（dieser

第二章　コペルニクス的転回

＊初出は，『カントの批判哲学と自我論』。本書には，同書の第Ⅰ部第4章「カントの自我論とその歴史的背景」の第1節，第2節を収録する。

第一節　認識論におけるコペルニクス的転回

カントの『純粋理性批判』によってもたらされた，認識論における革命的なパラダイムシフトは，「コペルニクス的転回」という言葉で特徴づけられている[*1]。認識論におけるコペルニクス的転回も宇宙体系論におけるコペルニクス的転回（コペルニクス革命）も，共に「転回」(revolution)という語で定義されているという，用語法の偶然の一致(coincidence)は，注目されるべきである。周知のように，西洋近代天文学の太陽中心的宇宙体系論は，ニコラウス・コペルニクスによって，彼の『天球の回転について』において構築された。我々は，'revolution' という言葉が天文学の用語でもあるということを，看過してはならない。惑星系天文学においては，'revolution' は，惑星の軌道運動を意味し，また，'rotation' は，自転軸を回転する惑星の運動（自転）を意味する。我々は，次のように言う。「地球は太陽の周りを公転（revolve）しており，地球は地軸の周りを自転（rotate）している」。'revolution' という言葉は，伝統的に，宇宙体系の探究と緊密な関係において使用されてきた言葉である。アリストテレスの地球を宇宙の中心とする宇宙体系論（地球中心説）とヒッパルコスの天文学理論に基づいて，

著者紹介

鈴木文孝（すずき・ふみたか） 1940年，静岡県に生まれる。1963年，東京教育大学文学部卒業。1965年，東京大学大学院人文科学研究科修士課程修了。1970年，東京大学大学院人文科学研究科博士課程を学科課程修了にて満期退学。その間，昭和43年度，昭和44年度日本学術振興会奨励研究員。2004年，愛知教育大学教授教育学部を定年により退職。現在，愛知教育大学名誉教授，文学博士（筑波大学）。

著　書

『カント研究――批判哲学の倫理学的構図』（以文社，1985年）
『カント批判――場の倫理学への道』（以文社，1987年）
『倫理の探究』（以文社，1988年）
『共同態の倫理学――カント哲学及び日本思想の研究』（以文社，1989年）
『近世武士道論』（以文社，1991年）
『若き荷風の文学と思想』（以文社，1995年）
『カントとともに――カント研究の総仕上げ』（以文社，2009年）
『永井荷風の批判的審美主義――特に艶情小説を巡って』（以文社，2010年）
『諦めの哲学』（以文社，2011年）
『西洋近代哲学とその形成』（以文社，2013年）
『カントの批判哲学と自我論』（以文社，2015年）
The Critical Philosophy of Immanuel Kant and His Theory of the Ego（以文社，2015年）
『カント研究の締めくくり』（以文社，2016年）
『増補　カント研究の締めくくり』（以文社，2016年）
『改訂版　諦めの哲学』（以文社，2016年）
『文化の中の哲学をたずねて――諦めの哲学および関連論考』（以文社，2018年）

翻　訳

マックス・シェーラー『超越論的方法と心理学的方法――哲学的方法論の根本的論究』（『シェーラー著作集』14所収，白水社，1976年）

カントとその先行者たちの哲学
——西洋近代哲学とその形成および関連論考
The Philosophy of Kant and His Forerunners

2018年11月15日　初版第1刷発行

著　者　鈴木文孝
発行者　勝股光政
発行所　以　文　社

〒101-0051 東京都千代田区神田神保町 2-12
TEL 03-6272-6536　FAX 03-6272-6538
http://www.ibunsha.co.jp/

印刷・製本：中央精版印刷

ISBN978-4-7531-0349-2